Eine Reise durch Verdis Italien

Flieg, Gedanke...

Eine Reise durch Verdis Italien

Flieg, Gedanke…

Elke Heidenreich
Tom Krausz

Frederking & Thaler

»*Verdi! Verdi! Der großmächtige Verdi. Wieviel Schönes gibt es in seinen Frühwerken ebenso wie in den letzten. Ich bewundere ihn bedingungslos, ein wahrhaft großer Komponist. Ich ziehe Verdi jeder anderen Musik des 19. Jahrhunderts vor.*«

IGOR STRAWINSKY, 1935

Für Aurel

G. VERDI

DON Carlo

PAROLE DI

MÉRY E CAMILLO DU LOCLE

CASA EDITRICE MADELLA

SESTO S. GIOVANNI 1913

»Frei herausgesprochen: sag mir Du, der Du doch auch ein wenig Zeitungsmensch bist, ob man all die Kritiken dieser Herrschaften ernst nehmen kann. [...] Glaubst Du, daß sie alle oder auch nur in der Mehrzahl aus eigenem Verständnis, etwelcher Einsicht sprechen? Glaubst Du, daß sie alle, oder doch die meisten, in das Innere eines Werkes dringen und die Absicht des Komponisten erfassen?
Nie, niemals ... Aber wozu darüber reden: die Kunst, wahrhaft schöpferische Kunst, hat nichts zu tun mit dem zahnlosen Wesen, das uns die Kritiker hinstellen möchten. Und dabei verstehen sich die Herrschaften nicht einmal untereinander ...«

GIUSEPPE VERDI

Eine Reise durch Verdis Italien

Eines Tages im Frühling stieg ich in Köln in ein Flugzeug nach Mailand. Ich wollte dort in die Oper gehen, ich wollte die Orte besuchen, an denen Giuseppe Verdi gelebt und gearbeitet hatte. Und es fing gut an: Das Flugzeug hatte den Namen *Rigoletto*. Na also, da war er ja schon!

Rigoletto, die gleichnamige Oper von Giuseppe Verdi, wurde am Anfang zunächst vom österreichischen Militärgouverneur (Italien war besetzt!) verboten: zu obszön, zu unmoralisch, zu politisch – denn der Herzog von Mantua ist in dieser Oper ein skrupelloser, sexbesessener Bursche, der jede will und jede kriegt, so auch Gilda, die schöne, arglose Tochter des verkrüppelten Hofnarren Rigoletto – »*La donna è mobile …*«. Unerhört: Der Schöne zeigt hässliche, der Hässliche aber schöne Gefühle. Man war nicht amüsiert. Das Libretto von Francesco Maria Piave ging zurück auf Victor Hugos Stück *Le roi s'amuse*, in Paris nach der Uraufführung 1832 sofort für die nächsten 50 Jahre verboten. Verdi aber mit seinem untrüglichen Gefühl für dramatische Effekte fand in diesem Stück das, was er sich immer für seine Opern wünschte:

> »Ich brauche ein kurzes Stück mit viel Spannung, viel Bewegung,
> sehr viel Leidenschaft …!«

Rigoletto, 1851 in Venedig am *Teatro La Fenice* uraufgeführt, war die erste der drei fast volkstümlichen Opern, die als *la trilogia romantica* bekannt wurden, in nur wenigen Jahren nacheinander herausgebracht: Die andern beiden sind *Il Trovatore* (1853 in Rom) und *La Traviata* (als zunächst entsetzlicher Misserfolg ebenfalls 1853 in Venedig). Verdi stand in der Mitte seines Lebens, hatte bereits sechzehn Opern geschrieben, darunter den grandiosen *Macbeth*, und hatte rauschende Erfolge und donnernde Misserfolge erlebt. *Rigoletto* war ein überwältigender Erfolg und leitete Verdis Weltruhm ein. Hier bricht plötzlich in die alte romantische Operntradition mit dem buckligen, verzweifelt kämpfenden und auch intrigierenden Rigoletto eine ganz andere Art Realismus ein, und diese Oper, in der das Hässliche das Schöne und Wahre ist, zählt zu den Vorläufern des *verismo* à la Puccini.

Vorhergehende Doppelseiten:
Landschaft in der nördlichen Toskana.

Brücke über den Arno in Florenz.

Linke Seite:
Trattoria Verdi in Busseto.

Oben:
Typische flache Landschaft mit Mohnblumen am Feldrand bei Busseto.

Rechte Seite:
Giuseppe Verdi in den 1840er Jahren.

Aber schon im Vorfeld zu *Rigoletto* gab es Ärger ohne Ende um diesen heiklen Stoff. Zeitlebens schlug sich Verdi mit politischer und klerikaler Zensur herum, oft mussten Texte bis zur letzten Minute und bis zur Absurdität geändert werden. Aber dass der Sänger des Herzogs von Mantua in *Rigoletto* die Noten zu *La donna è mobile / Oh, wie so trügerisch sind Weiberherzen*, erst im allerletzten Augenblick bekam, das hing damit zusammen, dass Verdi ahnte: Diese Arie wird sofort ein Gassenhauer, das darf vor der Premiere nicht raus …

Es wurde ein Gassenhauer, und in den Vierziger-, Fünfzigerjahren des 20. Jahrhunderts sang meine Mutter ihn in unserer Küche beim Bügeln.

Meine Mutter stammte aus einer armen Familie mit vielen Kindern. Für Schulausbildung war kein Geld da, nur das Nötigste wurde gelernt, dann kamen die Mädchen in eine Lehre als Näherin, die Jungen wurden Schlosser. Meine Mutter hat immer darunter gelitten, keine Ausbildung zu haben. Sie war alles andere als dumm, und sie versuchte, sich Bildung selbst zu erwerben, und zwar vor allem auf den Gebieten, die ihr zusagten, und das waren Literatur und Musik. Sie las, zunächst wahllos, bis sich Geschmack und Sachverstand herausbildeten, und sie hörte klassische Musik, wann immer es ging: meist im Radio, manchmal vom Munde abgespart im Konzert, später auf Schallplatten. Sie war äußerst musikalisch und konnte schwierigste Melodien sofort

nach- und dann mitsingen, kannte die großen Opernarien, dirigierte beim Backen Beethovens Sinfonien und lehrte mich hören: »*Da, das ist jetzt die Ruhe nach dem Sturm.*« »*Hier singen die Gefangenen, ganz traurig, und doch ist noch Hoffnung, hörst du? Das ist von Verdi!*«

Und sie sang: »*Teure Heimat, wann seh ich dich wieder?*«

(Heute übersetzt man Verdis berühmtesten Chor aus *Nabucco*, »*Va, pensiero, sull'ali dorate …*«, eher mit »*Flieg, Gedanke, auf goldenen Flügeln …*«)

Verdi war der Liebling meiner Mutter. Sie kannte alles von ihm, was damals im Radio gespielt wurde, erkannte im Sonntagskonzert jeden Ton. Die Ouvertüre zur *Traviata!* Brindisi! Ah, jetzt singt Germont, der Vater, er will seinen Alfredo von Violetta losreißen und wieder nach Hause holen – hör nur: »*Zieht die Sehnsucht dich nicht mehr / in dein Vaterhaus zurück?*«

1958, ich war fünfzehn Jahre alt, bekam ich einen Kofferplattenspieler geschenkt, im Deckel war der Lautsprecher. Meine ersten Schallplatten: das *Weihnachtsoratorium* von Bach, Händels *Feuerwerksmusik*, Bill Haleys *Rock around the*

Ein träger Fluss mit viel Geschichte: der Po.

clock und Ausschnitte aus Verdis *Rigoletto*. Die hörte ich ununterbrochen. Außer, das Radio lief. Ein kleines Radio auf einem Bord in der Küche, goldbeige, der Lautsprecher hinter Stoff, abgerundete Ecken. Wo ist es nur hingekommen bei all den Wohnungsauflösungen und Umzügen? Nie wieder habe ich ein Radio so geliebt und begriffen wie dieses, die komplizierten Skalen mit Orten wie Hilversum und Beromünster, die Tasten für *Jazz, Konzert, Sprache,* das magische grüne Auge, das mich ansah, wenn ich im Dunkeln auf dem Küchensofa lag und Mozart hörte.

Damals wurden die Arien im Wunschkonzert noch vorwiegend auf Deutsch gesungen. Das Radio spielte in diesen nach dem Krieg so zerstörten Familien und Städten, in all dieser Armut, Hässlichkeit und Wiederaufbauwut eine ganz zentrale Rolle. Heute sitzt die Familie, wenn überhaupt, vorm Fernseher, alle starren in eine Richtung. Damals saß man ums Küchenradio herum und hörte gemeinsam zu: Hörspiele, Nachrichten, Schulfunk. Oder Mutter bügelte, Vater las die Sportzeitung, das Kind machte Hausaufgaben, und im Radio lief das Wunschkonzert.

Ich wuchs mit Verdi auf; er gehörte zur Familie, das war nichts Hehres, Heiliges, das war einfach »unser Verdi«, dessen Melodien uns glücklich machten, wann immer sie erklangen. Zumindest meine Mutter und mich. Mein Vater machte sich lustig über Opern, in denen die Leute im Stehen sterben und dabei auch noch singen. Er sah darin keinen Sinn. Manche Ansager wussten auch nicht, was sie da ansagten, und bis heute erinnere ich mich an eine Radioansagerin, die in einem Atemzug lustlos mitteilte:

> *»Aus Verdis* Otello *hören Sie jetzt das Duett Jago und Otello, der Verräter weiche aus dem zweiten Akt, und danach hören Sie die Arie des Jago, ich glaub an einen Gott aus dem zweiten Akt.«*

Und so wich denn der Verräter aus dem zweiten Akt, und wir glaubten an einen Gott aus dem zweiten Akt. Über Verdi konnte, so gesehen, auch gelacht werden.

Als ich alt genug war, las mir meine Mutter aus Franz Werfels *»Verdi. Roman der Oper«* vor. Sie war aufgeregt, so sehr versetzte sie sich in Verdis Qualen, in seinen Kampf in der Schlacht um das fast verlorene Kunstwerk Oper:

> *»In sich versunken stand Verdi in der Mitte des Zimmers. Niemand wusste die Wahrheit über ihn. Seit vierzig Jahren kämpfte er mit Riesenanspannung für eine verlorene Sache. Denn die Oper, die er in seinem Blut geerbt hatte, war eine verlorene Sache. Wer ahnte die Erschöpfung seiner Nerven durch diesen hoffnungslosen Kampf, wer ahnte seine Müdigkeit nach solchem vernichtendem Dienst? Sooft er sich auch siegreich geschlagen, hatte er doch nur die Frist gewonnen, seinen Rückzug zu decken. Ein Rückzug von Stellung zu Stellung: ›Nabucco‹ und ›Lombardi‹, kaum dass sie in ihrer Neuheit, ihrem unbekannten Furor erklungen waren, hatte sie schon die ungeduldige Zeit verbraucht.*
> *Einen ganz anderen Stil ersann er: ›Ernani‹. […]*
> *Zwei Opern im Jahr, um den richtigen Weg zu finden. ›Macbeth‹ kam. Das italienische Publikum verwarf ihn als revolutionär und unverständlich, nach einigen Jahren verwarfen ihn die Pariser Kritiker als veralteten Schund.*
> *Er holte zur ›Schlacht von Legnano‹ aus. Das Nie-Versuchte sollte sie bringen. Den Sturmpuls des Freiheitskrieges. Sie versank im Jubel der Premiere. Ihr Gegensatz, die intime, die traurig-süße Melodie: ›Luisa Miller‹. Sie modert jetzt alljährlich auf ein paar Schmierenbühnen. Ohne Erholung weiter! Der rasend sich verwandelnden Wahrheit gerecht zu werden! ›Rigoletto‹, ›Trovatore‹, ›Traviata‹, in zwei oder drei Jahren komponiert!*

Hoffnung, das Endgültige gefasst zu haben. Sie sind die lebendigen Überreste dessen geworden, was nicht mehr ist.

Wieder galt es, einen neuen Anlauf zu nehmen: ›Die Vespern‹, ›Boccanegra‹, ›Maskenball‹. Die eine oder die andere steht noch, aber auf dem Trümmerfeld eines erloschenen Stils.

Noch einmal vorwärts: ›Don Carlos‹! Mit Pein und Unerbittlichkeit wurden hundert Tongedanken dem neuen Willen unterworfen. Eine Riesenpartitur, in der kein leerer Takt, keine Ermüdung stehenbleiben durfte. Hundert Nächte hatte sie gekostet, vom Sonnenuntergang bis zum blinzelnd-aufdämmernden Pariser Morgen.

Der Effekt? Zum ersten Mal begann es aus den Zeitungen und Foyergesprächen zu zischeln, zu lästern: Wagnerepigone! Jede Form-Freiheit, jede harmonische Verfeinerung wurde damals ›Wagner‹ genannt, und er kannte doch noch keine einzige Note des Deutschen.«

Das las mir meine Mutter in unserer Wohnküche vor und sagte: »*Was muss der Mann gelitten haben! Verdi ist so ein wunderbarer Komponist – du musst ihn immer achten, hörst du? Wenn du traurig bist, macht er dich wieder gesund.*« Und dann fragte sie mich, die ich schon das zweite Jahr auf dem Gymnasium war, was »Furor« bedeutet.

Ich verstand natürlich vieles gar nicht, und ich begriff damals auch nicht, was Werfels Buch bewirkte: Es leitete etwa zwanzig Jahre nach Verdis Tod die Verdi-Renaissance in Deutschland ein. Hochbetagt war der Komponist 1901 in Mailand gestorben und danach bei uns fast vergessen – das änderte sich, als 1923 Werfels Buch erschien.

Ich hatte es im Gepäck, als ich 2005 im Flieger namens *Rigoletto* nach Mailand saß. Was für eine Liebeserklärung an einen Künstler ist dieses Buch! Und nicht nur an einen, an diesen Verdi, sondern in weiten Strecken überhaupt ein Nachdenken darüber, was das ist: künstlerische Kraft:

> »*Jeder schöpferische Augenblick im Menschen ist eine Magnetisierung seiner geistig-sinnlichen Elemente, eine plötzliche Umordnung dieser Elemente zu übersinnlichem Wissen. Dem Menschen ist in Wahrheit nicht gegeben, zu schaffen, sondern nur zu finden. Komponieren ist Irrtum. Melodien sind. Sie können nicht hervorgebracht werden, sondern nur entdeckt. Sie sind in ihrer Welt das gleiche, was in unserer die unterirdisch-verborgenen Quellen sind. Genialität ist die Fähigkeit des menschlichen Wesens, in gewissen Augenblicken zur Wünschelrute zu werden. Mehr nicht.«*

Manchmal ist Werfels Verdi-Roman nahe am Kitsch, manchmal zu weitschweifig, manchmal aber auch von bewegender poetischer Kraft: Verdi, verzweifelt in

Verdi und Arrigo Boito in der ersten Zeit ihrer Zusammenarbeit, zu Beginn der 1880er Jahre, auf Sant'Agata.

Venedig, er kann nicht mehr komponieren, seit er Musik von Richard Wagner gehört hat – Wagner, im selben Jahr geboren wie er, und eine Musik, die alles veränderte! Was sollte danach noch kommen? Viele bittere Jahre quälte sich Giuseppe Verdi mit seiner Komponierhemmung, mit seiner tiefen Depression. Und erst nach Wagners Tod 1883 in Venedig kann er wieder schreiben, und er schreibt zu den Texten seines letzten und besten Librettisten, Arrigo Boito, seine Meisterwerke: *Otello* und *Falstaff*.

Von alldem handelt dieser Roman. Und auch vom Unterschied zwischen der italienischen und der deutschen Musik, der italienischen und der deutschen Seele. Werfel hatte zunächst Zweifel, ein solches Buch zu schreiben, sich einem Mann, der alles Öffentliche und Pathetische und Biografische verabscheute, in einem Roman zu nähern, aber:

> *»Die Liebe, die Begeisterung, die ungetrübte Leidenschaft für seine Musik, ein Nicht-Loskommen von ihr, die Vertiefung in sein Werk, sein Leben, seine Menschlichkeit, all dies hat ihn schließlich überwunden.«*

Mein Zweifel, dieses Buch über meinen eigenen Zugang zu Verdi zu schreiben, wo es doch von so vielen Musikhistorikern schon alles über ihn gibt, wurde ähnlich überwunden. Es gibt Tausende von Büchern, Aufsätzen, Artikeln zu Leben und Werk Giuseppe Verdis, es gibt dicke Handbücher zu jeder seiner Opern, es gibt mehrere Biografien, biografische Einordnungen, kurz: Wir haben inzwischen eine beispiellose Verdi-Welle weltweit, sowohl in den Opernhäusern als auch in den Veröffentlichungen rund um Verdi. Was könnten Tom und ich da noch hinzufügen?

Kleinigkeiten. Eindrücke. Seltsame Fundstücke auf unseren Reisen. Ich schreibe nicht als Musikwissenschaftlerin, aber passioniert über ihn, dankbar für das, was er uns geschenkt hat. Meine Mutter, die sonst mit Gefühlen äußerst sparsam war, hat mir diese Dankbarkeit eingepflanzt.

Die meisten seiner Opern habe ich inzwischen mehrfach in Opernhäusern in Europa und Amerika gehört, alle kenne ich sie von CDs, und immer wieder höre ich meine Mutter mitsingen, mir die Ouvertüre vorsummen, mir von Verdi erzählen. Und doch hat sie bei ihrer Verehrung für diesen Komponisten nie das Gefühl für Qualität verloren: Zu ihrem 90. Geburtstag schenkte ich ihr eine Karte für *Un ballo in maschera, Ein Maskenball,* in einem teuren Festspielhaus, und wir sahen eine entsetzliche Plüschveranstaltung mit unlustigen Sängern. In der Pause sagte sie: »*Das ist nicht mein Verdi, lass uns gehen und es zu Hause auf CD hören.*«

Als ich zum ersten Mal in Bayreuth war, traf ich auf eine energische Gemeinde eingefleischter Wagnerianer. Alles wissen sie über den »Meister«, und seit dreißig Jahren sehen und hören sie alljährlich den *Ring*, den *Lohengrin*, den *Tannhäuser*, den *Parsifal*. Die Verehrung ist grenzenlos. Aber nie habe ich in Deutschland eine Hausfrau beim Bügeln Elsas »*Es gibt ein Glück, das ohne Reu*« aus *Lohengrin* singen hören, nie stimmte ein munterer Zecher Wolframs Lied vom holden Abendstern aus dem *Tannhäuser* an, und kein noch so besoffener Männergesangverein würde auf dem Heimweg von der Kneipe ein »*Hojohe! Hallojo! Ho! He!*« von sich geben, den Matrosenchor aus dem *Fliegenden Holländer*.

Aber die Frau des Polizisten singt in Italien beim Kochen »*Croce e delizia, delizia al cor'*« aus *La Traviata*. Das ist Verdis Geheimnis: dass seine Musik zugleich unterhaltend und ernsthaft ist; die unselige Unterteilung in E(rnsthafte) und U(nterhaltende) Musik ist hier noch lächerlicher als ohnehin schon. Sie kommt aus dem Volk, hört auf das Volk und ist doch große Kunst. Vincenzo Bellini hat gesagt: »*Die Oper muss [das Publikum] zum Weinen, zum Entsetzen, zum Sterben durch den Gesang bringen.*«

Folgende Doppelseite: Morgenstimmung bei Salsomaggiore, in der Nähe von Fidenza.

Das heißt: Musik erreicht uns unmittelbarer als alles andere und nicht über den Intellekt, sondern über unsere Gefühle. Oder, nüchterner gesagt: Beim Hören von Musik wird unsere emotionale Gehirnhälfte stärker angesprochen. Diese Wirkungsästhetik gilt vor allem für Verdis Opern, die von Liebe, Tod, Leidenschaft, eben von der *Macht des Schicksals* handeln, und ihre Spannung beziehen sie aus dieser Unmittelbarkeit der Gefühle und der hohen Kunst der Töne. Die lebendige musikalische Tradition der Italiener wird bei Verdi aufgenommen und sozusagen veredelt. Das sind zwei Extreme – unser Herz und die kunstvolle Musik, und dazwischen liegen alle Tragödien, die Schwindsucht Violettas, der Buckel Rigolettos, die Machtgier der Lady Macbeth, die Eifersucht von Otello, die Grausamkeit der Weiber von Windsor in *Falstaff* – und über all diese Schicksale spricht Verdi mit der einzigen Sprache der Musik. Nietzsche trifft es am Genauesten, was mit uns passiert, wenn wir durch Musik angerührt werden. Er definiert Musik als »*das Von-selber-Ertönen der tiefsten Einsamkeit.*«

Es ist so, wie der wohl erste Verdi-Biograf, Carlo Gatti, es sagte, der Verdi noch persönlich gekannt hatte: dass Bach und Beethoven uns Ehrfurcht einflößen, dass wir den göttlichen Mozart bewundern, aber Verdi, Verdi kann man nur lieben.

Verdi schrieb einmal an seinen Freund Cesare De Sanctis in Neapel:

> »*Ich bin, wie ich bin! Es steht jedem frei, von mir zu glauben, was er will! Und Ihr – das möchte ich betonen – seid riesige, verstaubte Perücken mit Eurer italienischen Musik! – – – – Nein, nein, es gibt keine italienische, keine deutsche, keine türkische Musik! – – – – Es gibt nur MUSIK!!! – – – Lasst mich also in Ruhe mit diesen Definitionen! Ich schreibe, wie ich schreiben muss! Ich glaube weder an die Vergangenheit noch an die Gegenwart. Ich verabscheue alle Schulen, die ja doch nur zum ›Konventionalismus‹ führen. Ich vergöttere auch kein Individuum. Meine Liebe gilt nur der schönen Musik! Von wem sie ist, spielt keine Rolle, sie muss nur wahrhaft schön sein! ›Fortschritt in der Kunst!‹ – ein weiterer ganz unsinniger Ausdruck! Das kommt doch ganz alleine! Wenn der Autor ein Talent ist, verhilft er der Kunst zu einem Fortschritt, ohne es überhaupt zu wollen.*«

Es gibt also, sagt Verdi, keine *nationale* Musik, es gibt nur: Musik. Und doch … *La Traviata* in Deutschland? *Tannhäuser* in Italien? Ziemlich undenkbar. Aber in der Kunst greift alles ineinander, und es gibt Hunderte von oft nicht mehr zu den Quellen zurückzuverfolgende Querverbindungen. Jean-Baptiste Lully kam 1646 nach Paris und gilt als Begründer der französischen Oper. Eigentlich hieß er

Giovanni Battista Lulli und wurde in Florenz geboren. Er war Italiener. Der Deutsche Georg Friedrich Händel war ein Meister der italienischen Barockoper und wirkte vorwiegend in England. Mozarts Opern sind schon durch seinen Librettisten Da Ponte halb italienisch, und, schreibt der Komponist Hans Gál in einem Aufsatz über Richard Wagner, Beethovens *Fidelio* hat den französischen Opern des Italieners Cherubini wichtige Einflüsse zu verdanken. Bachs Polyphonie? Niederländischen Ursprungs. Hat Wagner recht, wenn er die Oper als undeutsch verdammt und sich ein eigenes Musiktheater erschafft? Wer hat in der Kunst schon recht? Die Wirkung zählt. Es zählt, was bleibt.

Rechte Seite:
Ackerlandschaft im Frühsommer bei Pellegrino Parmense, westlich von Parma gelegen.

Folgende Doppelseite:
Weinstöcke vor dem Castello di Torrechiara, wenige Kilometer südlich von Parma.

Verdi wird nicht nur, aber vor allem in Italien geliebt. Auf meinen vielen Italienreisen und in den Jahren, die ich teilweise selbst in der Lombardei wohnte, habe ich es immer wieder erfahren.

Italienische Pizzabäcker singen »*La donna è mobile …*«, und sie zwinkern uns dabei zu, und vielleicht wissen sie nicht mal in jedem Fall, dass das von Verdi ist. Hausfrauen kennen Germonts ergreifende Arie »*Di provenza il mar, il suol, chi dal cor ti cancellò …*«, die Arie, die meine Mutter in den 50er Jahren bei der Hausarbeit so inbrünstig auf Deutsch sang.

Alles, alles ist über Giuseppe Verdi schon geschrieben worden, von Bewunderern, Kritikern, Anbetern, Musikwissenschaftlern. Es gibt nichts, was ich dem noch hinzufügen könnte. Ich kann und will auch nicht mit überwältigenden neuen Recherchen aufwarten. Ich kann im Grunde nur meine eigene Geschichte von Verdi erzählen, dessen Foto goldgerahmt auf meinem Schreibtisch steht: ein weißhaariger, klug blickender alter Herr von über achtzig Jahren, mit Samtjacke und Fliege, ein leises Lächeln unter einer scharfen Nase – Giuseppe Verdi, der, wie seine zweite Frau, Giuseppina Strepponi, sagte, im Alter immer schöner wurde.

Und so sind wir denn durch Verdis Italien gereist, vor allem immer wieder durch seine Emilia-Romagna, einfach nur, um zu sehen und zu erspüren, was mehr als hundert Jahre nach seinem Tod noch von ihm da ist.

Alles.

Jeder noch so kleine Ort hat eine *Via Verdi*, eine Verdistraße. In jeder Verdistraße gibt es entweder einen Blumenladen oder eine Salumeria, die nach Verdi heißt, und natürlich

Rechte Seite:
Die weltbekannte Spezialität der Poebene ist *culatello di zibello*. Es ist ein Schinken aus einer schwarzen Schweinerasse, *razza nera toscana,* der nur in wenigen Dörfern der Bassa in der Nähe von Parma zubereitet werden darf.

gibt es dann auch eine *Salame Verdi*, die Verdi-Salami. Er ist im *Caffè Verdi* auf den Zuckertütchen zum Espresso abgebildet, er ist im *Hotel Verdi* auf den Shampoofläschchen und den Seifenstückchen, die Pizzen heißen mitunter »Aida« oder »Don Carlo« (natürlich nie »Don Carlos«, das war ja nur die französische Fassung der Oper!) sie heißen »Otello« oder »Nabucco«, und Verdi ist überall zu hören. Kaum ein besseres italienisches Restaurant kommt ohne seine Musik aus, und in jeder kleinen und erst recht jeder großen Oper werden seine Stücke aufgeführt, der Saal ist voll, man kennt die Melodien und summt mit. Und kein Postkartenstand in Norditalien ohne ein Foto zumindest des alten Verdi, mit Zylinder, weißem Halstuch, grauem Bart, dieses schöne schmale Gesicht, diese aristokratische Erscheinung.

Links:
Das Geburtshaus von Giuseppe Verdi in Roncole Verdi, wie sich der Ort seit einigen Jahren nennt. Ein schlichtes Landhaus mit einfacher Einrichtung.

Rechts:
In der früheren Gaststube bewirteten Verdis Eltern Reisende und Gäste aus der näheren Umgebung.

Aus Le Roncole stammte er, einem wirklich sehr kleinen Dorf in der Nähe der auch sehr kleinen Stadt Busseto, im damaligen Großherzogtum Parma. Heute nennt sich das Dorf stolz Roncole Verdi. Seine Eltern hatten eine Art Kramladen mit Poststation und Kneipe, wo die Kutscher die Pferde wechselten, ein einfaches Eckhaus an der Kreuzung der Straßen nach Fidenza, Cremona, Parma. Die Fuhrleute aßen dort auch, was Mutter Verdi kochte. Aßen, tranken, sangen.

Die Legende sagt, dass in der Geburtsstunde des Giuseppe Verdi am 9. oder 10. Oktober 1813 gegen zwei Uhr am Nachmittag unten in der Gaststube fahrende Gesellen gesungen haben ... Musik also, vielleicht, von Anbeginn.

Verdi wird geboren, schreibt Hans Kühner, einer seiner vielen Biografen, »*in der langen Atempause zwischen der italienischen Frühromantik und der Hochromantik.*« Beethoven schreibt seinen *Fidelio* im selben Jahr fertig und öffnet, sagt Kühner, »*damit das Tor zur romantischen ›nationalen‹ Oper.*« Als Verdi 1901 fast neunzigjährig stirbt, weist Richard Strauss gerade in eine wieder neue Richtung der Oper und lässt Wagner hinter sich. Und was sagt Verdi?

»*Ich liebe an den Künstlern alles, was schön ist. Ich kenne keine Ausschließlichkeiten und glaube nicht an die Schule. Mir gefällt das Frohe, das Ernste, das Schreckliche, das Große, das Kleine. Alles, alles, wenn nur das Kleine klein, das Große groß, das Frohe froh ist, d. h., alles sei, wie es sein muss: wahr und schön.*«

1875 schreibt er in einem Brief an seinen langjährigen Freund, den Grafen Opprandino Arrivabene:

»*Der eine möchte Melodiker sein wie Bellini, der andere Harmoniker wie Meyerbeer; ich möchte weder das eine noch das andere, und wenn es nach mir ginge, dürfte ein junger Mensch, der zu komponieren beginnt, nie daran denken, Melodiker, Harmoniker, Realist, Idealist, Zukunftsmusiker zu sein oder was sonst der Teufel an pedantischen*

Formeln erfunden hat. Melodie und Harmonie dürfen in der Hand des Künstlers nur Mittel sein, um Musik zustande zu bringen – und wenn einmal der Tag kommt, an dem man nicht mehr von Melodie und Harmonie, von deutscher und italienischer Schule, von Vergangenheit und Zukunft der Musik spricht, dann wird wohl das Reich der Kunst erst beginnen.«

Arrivabene war einer der Wegbereiter des *Risorgimento*, der Wiedererstehung, der politischen Einheit Italiens nach der Teilung. Er war Journalist und einer der wenigen Kritiker, die Verdi ernst nahm; sie korrespondierten fast 50 Jahre freundschaftlich miteinander, und es gibt sogar einen Briefwechsel, den die beiden als Sekretäre ihrer Hunde *Ron-Ron* und *Blach* zeitweise miteinander betrieben!

In dem kleinen Laden gegenüber vom Geburtshaus in Roncole Verdi kaufe ich Brot, Parmesan, Kuchen, Salami für ein Picknick. Alles wird in schönes weißes Fettpapier gepackt, auf dem Verdi abgebildet ist. Auch auf dem Kuchenkarton ist sein Konterfei, natürlich.

Ich esse den Kuchen draußen auf dem kleinen Platz, der nach Giovanni Guareschi heißt, dem Erfinder von *Don Camillo und Peppone*, der viele Jahre in Le Roncole verbrachte und nach seinem Tod 1968 auch auf dem kleinen Friedhof hier beerdigt wurde. Ich trinke ein Glas Wein zu meinem Kuchen, und ich sehe hinüber zum restaurierten Geburtshaus an der Ecke, grau, breit, geduckt. Im Hof steht eine Verdibüste, zum 100. Geburtstag 1913 errichtet, und am Haus ist eine Gedenktafel, in seinem Todesjahr 1901 von den Armen Le Roncoles gestiftet für ihn, den *Gran vecchio*, ihren großen Alten, der immer für sie sorgte. Sie mochten ihn, wenn sie auch nicht ganz begriffen, wie man mit »Häkchenmalen« so reich werden konnte. Häkchen – die Tausende von Noten, die er schrieb.

Links:
In einem kühlen Nebenraum des elterlichen Landgasthofs lagerten die Weinfässer und weitere Vorräte.

Rechts:
Blick in den integrierten Pferdestall, rechts geht es zur Gaststube.

Folgende Doppelseite:
Ehemaliges Schlafzimmer der Eltern im Obergeschoss. Vermutlich wurde Giuseppe Verdi hier geboren.

Oben:
Büste Giuseppe Verdis im Garten des elterlichen Gasthauses in Roncole Verdi.

Rechte Seite:
Arkadengang in der Altstadt von Busseto.

Joseph Fortunin François sind am 11. Oktober 1813 als seine Vornamen im Taufregister von Le Roncole eingetragen, französische Namen, denn das Großherzogtum Parma war zu der Zeit als Folge der napoleonischen Kriege ein französisches Departement. Im Elternhaus ein riesiger Bilderteppich, gestiftet von Franco Zeffirelli – er zeigt Verdi in seinem Arbeitszimmer in Sant'Agata, in den Händen hält er den Klavierauszug mit »*Va, pensiero …*« aus *Nabucco*.

In der Küche sehen wir einfache alte Geräte – Holztassen, Öllampen, eine Kaffeemühle, im Keller an der Wand eine Fuchsfalle. Wenn es heute noch Füchse geben sollte, werden das die ununterbrochen auf der Straße vorm Haus rasenden Autos erledigen.

Das kleine Kinderzimmer ist im ersten Stock des Hauses; da schlief er zusammen mit Giuseppa Francesca, seiner Schwester, die behindert war und 1833 sechzehnjährig an Meningitis starb. Und hier stand sein erstes Spinett. Heute steht es in Mailand.

Ein Spinett? In dieser Umgebung?

Ja, das ist das eigentliche Wunder, dass die Eltern Carlo und Luigia, einfache Leute – der Vater soll mit Mühe ein wenig lesen und schreiben gekonnt haben –, die erstaunliche Begabung ihres Sohnes entdeckten und tatsächlich ein Spinett kauften, unerhört für diese Kreise. Wie erkannten sie sein Talent?

Direkt nebenan ist die Kirche San Michele Arcangelo, in der noch Verdis Taufbecken steht. Hier gab es seit 1797 eine Orgel, es gab einen Organisten, Pietro Baistrocchi, und er ließ den kleinen Giuseppe spielen. Er muss sofort alles gekonnt, begriffen, nachgespielt haben, und die staunenden Eltern reagierten richtig. Was für ein Glück, für ihn, für die ganze Welt!

Verdis Freund Melchiorre Delfico aus Neapel versuchte sich an einer rührenden Biografie des Komponisten. Ein kleiner Auszug aus diesem Buch:

»Artig, still, den Eltern gegenüber respektvoll wuchs das Kind heran, doch vor der Zeit ernst, nachdenklich und melancholisch. Nie brauchte der Vater zu strafen, nie zu ermahnen die abgöttisch geliebte Mutter. Karg mit Worten und Gebärden in einem Alter, das darin sonst leicht zuviel tut, wirkte der Knabe gewöhnlich […] in sich gekehrt, nichts konnte ihn ablenken, nichts seine Aufmerksamkeit und Neugier erregen – außer einem: Musik … So holte denn Vater Verdi einen Teil seines Ersparten aus der Lade, kaufte das Spinett eines alten Priesters aus der Nachbarschaft, der damit nichts anzufangen wusste, und Baistrocchi, der alte Organist von Le Roncole, führte den Kleinen in die […] Tonkunst ein. Zwei brave Eheleute begannen sich in der Hoffnung zu wiegen, ihr Junge werde von solcher Unterweisung genug profitieren, um eines Tages selber Organist werden und dem Lehrer in seinem hohen Amt nachfolgen zu können.«

Wie wir wissen, kam es ganz anders, und der Junge wurde einer der größten Komponisten der Welt.

Der Grossist des Vaters, der Mann, der seiner kleinen Dorfwirtschaft Getränke und Kolonialwaren lieferte, war Antonio Barezzi aus dem fünf Kilometer entfernten Busseto. Das nächste Glück: Barezzi war nicht nur Händler, sondern begeisterter Musiker, »un maniacco dilettante«, wie man mir in Busseto erzählt. Er spielte Flöte, Klavier, Horn, und er war Präsident der Philharmonischen Gesellschaft. In dieser kleinen Stadt Busseto auf dem flachen, hügellosen Land, der Bassa Padana, der Po-Ebene zwischen Parma und Piacenza, wo die Wiesen weit und grün sind, der Himmel so melancholisch wie die Flusslandschaft, Pappeln und Weiden an den Ufern, weite Kornfelder, hier, wo später Bertolucci seinen Film *1900* drehte, hier gab es in Verdis Jugend nur wenig Abwechslung, aber ausgerechnet hier machte man leidenschaftlich gern Musik. Zweitausend Einwohner hatte das Städtchen damals, achttausend, zählte man die ländlichen Bezirke mit, die zur verzweigten Gemeinde gehörten.

Barezzi, damals sechsunddreißig, hört den jungen Verdi, damals zehn, nimmt ihn unter seine Fittiche, lässt ihn ein wenig mehr ausbilden. Auf Barezzis Flügel darf er üben, dafür geht er die fünf Kilometer jeweils hin und zurück barfuß, um die Schuhe zu schonen. Und auch in Busseto gibt es eine Kirche mit einer Orgel und einem Organisten, der ein Talent wohl zu erkennen weiß: Ferdinando Provesi bringt dem jungen Verdi alles bei, was er selbst kann, und lässt sich bald sogar von ihm in den Busseter Gottesdiensten an der Orgel vertreten. Mit sechzehn versteht der junge Verdi mehr von Musik als sein Lehrer, der voraussagt, dieser Verdi werde bald »der schönste Schmuck des Vaterlandes« sein. In seinem Heimatdorf Le Roncole spielt er schon seit *1822* – er ist neun Jahre alt – regelmäßig an Sonn- und Feiertagen die Orgel, verdient ein bisschen, wird liebevoll *il maestrino* genannt, der kleine Meister. Er singt im Kirchenchor mit und tritt schließlich ganz und gar die Nachfolge von Baistrocchi an.

Ich entzünde in der Kirche von Busseto eine Kerze für Verdi, der hier mit seiner ersten Frau, Margherita Barezzi, getraut wurde, für die Musik, für einen jungen Komponisten aus Deutschland, der wieder Opern schreiben möchte, die die Herzen der Menschen erreichen, die die Opernhäuser voll und nicht leer spielen. Ich wünsche ihm Glück. Ich sehne mich nach so einer Musik, die nicht das ewig Gestrige zementiert, sondern weitergeht, ohne die Tradition zu missachten und zu zerschlagen, wie es zwei große Kriege im 20. Jahrhundert mit sich brachten. Die Wunden sind tief, auch in der Kunst. Sie müssen heilen.

Unten:
Das Orgelwerk in der Kirche San Bartolomeo in Busseto. Verdi spielte in dieser Kirche Orgel, aber das Originalinstrument seiner Zeit existiert nicht mehr.

Linke Seite:
Einfache Stilelemente des Barock gestalten die Kirche San Bartolomeo im Zentrum von Busseto.

Folgende Doppelseiten:
Große Freitreppe im nächtlichen Licht der Stadtanlage Busseto. Der Weg unter prachtvollen Kastanien führt zum *Teatro Verdi*.

Leuchtendes Rot gibt vielen verputzten Häusern in Parma besonderen Ausdruck.

Vorhergehende Doppelseite und rechts oben:
In der Fattoria Verdi in Busseto verführen den Gast Spezialitäten wie kühle Weißweine, Oliven, *culatello di zibello*, Parmaschinken, frisches Weißbrot und *formaggio*, und dazu erklingt leise Musik aus Verdis Opern.

Links oben:
Bei festlichen Anlässen schmücken Fähnchen das *Teatro Verdi* in Busseto. Hier war es anlässlich des *Giro d'Italia*, der durch das Stadtzentrum führte.

Rechte Seite:
Rosenstöcke mit den Zeichen der Zeit vor dem Turm des *Teatro Verdi* in Busseto.

In Busseto ist Verdi aufs Gymnasium gegangen, gefördert und unterstützt von Barezzi, er lebte hier einige Jahre als eine Art Pflegekind im Haus eines Schusters. Und hier begann er zu komponieren, zu dirigieren, zu unterrichten. Die meisten der frühen Kompositionen sind leider nicht erhalten.

Im Busseto von heute gibt es gleich neben dem kleinen Opernhaus ein Restaurant mit besonders ausführlicher Salatkarte; alle Salate sind nach Verdis Opern benannt. Ich habe mir eine Karte erbeten, sie liegt hier vor mir:

Don Carlo *(Insalata verde, radicchio rosso, melanzane griglia, pomodori, mozzarella, cipolla)*
Il Trovatore *(Bresaola, mela verde, sedano, scaglie di grana)*
Falstaff *(Carote, insalata verde, patate lesse, pancetta affumicata)*
Aida *(Cetrioli, cipolline sott'aceto, wurstel, prosciutto cotto, tonno, olive nere, mais)*

Und so weiter, keine wichtige Oper wird ausgelassen, und bei *La Traviata* gibt es rote Peperoni statt roter Kamelien …
Im Restaurant hängt natürlich sein Bild, und ich liebe sie alle dafür, dass sie ihn so verehren.

Im Juni 1832 bewarb sich Verdi, gerade noch achtzehn Jahre alt, für die Aufnahmeprüfung am Mailänder Konservatorium. Dazu brauchte er seinen ersten Reisepass, denn er musste ins sogenannte lombardisch-venetische Königreich einreisen, einen der zwölf Kleinstaaten, die der Wiener Kongress auf der Apenninhalbinsel etabliert hatte. Der Pass machte folgende Angaben:

Alter: 19 Jahre   *Nase: Adlernase*
Gestalt: groß   *Mund: klein*
Haar: kastanienbraun   *Bart: dunkel*
Stirn: hoch   *Kinn: oval*
Brauen: schwarz   *Gesicht: hager*
Augen: grau   *Hautfarbe: blass*

Mit Pass und Bewerbung geht es also im Juni 1832 nach Mailand, und dann geschieht das Unglaubliche: Verdi wird am Konservatorium abgelehnt.

Giuseppe Seletti, bei dem er auf Vermittlung Barezzis wohnte, schrieb an Barezzi:

> *»Liebster Freund, erschrick nicht, lies kalten Blutes, was ich Dir schreibe. […] Maestro Angeleri erzählte mir Montag: auf das Ersuchen des Prüfungsleiters, ihm nach bestem Gewissen seine Meinung zu sagen, habe er geantwortet, Verdi könne nicht Klavier spielen und werde es auch nie lernen. Der junge Rolla [Sohn eines Mitglieds der Prüfungskommission] hatte ja schon vom ersten Tag an gesagt, bei Verdi hapert es mit dem Anschlag, aber das sei nicht weiter schlimm für einen, der Komposition studieren will. […] Man bleibt dabei, es ist kein Platz, und das richtige Alter hat er auch nicht mehr.«*

Er spiele nicht gut genug, sein Auftreten war zu kühl und störrisch, er galt hier als Ausländer, und überhaupt war das Höchstalter für die Aufnahme ins Konservatorium vierzehn Jahre, er sei zu alt. Wieso hatte man ihn denn dann überhaupt vorspielen lassen? Ein Capriccio von Henri Herz hatte er gespielt, einem damals bekannten und beliebten Klaviervirtuosen, und Angeleri, Klavierprofessor am Konservatorium, hatte die schlechte Handhaltung bemängelt. Er hatte gesehen, wie Verdi alles sofort vom Blatt spielen konnte, aber gerade deshalb fürchtete er wohl, an ebendieser Handhaltung mit seiner Methode nichts mehr verbessern zu können bei einem schon fast Neunzehnjährigen. In Sachen Komposition gestand man ihm immerhin zu, dass er darin *»Ersprießliches wird erreichen können«*.

Übrigens hat Rossini sich selbst immer als einen Klavierspieler vierten Ranges und Verdi als einen fünften Ranges bezeichnet, und wie viel *»Ersprießliches«* haben doch beide in ihren Kompositionen erreicht!

Vorhergehende Doppelseite:
Ein Gutshof inmitten von Feldern – typisch für die Lombardei und die Emilia-Romagna.

Rechte Seite:
Giuseppe Verdi im Jahr 1845.

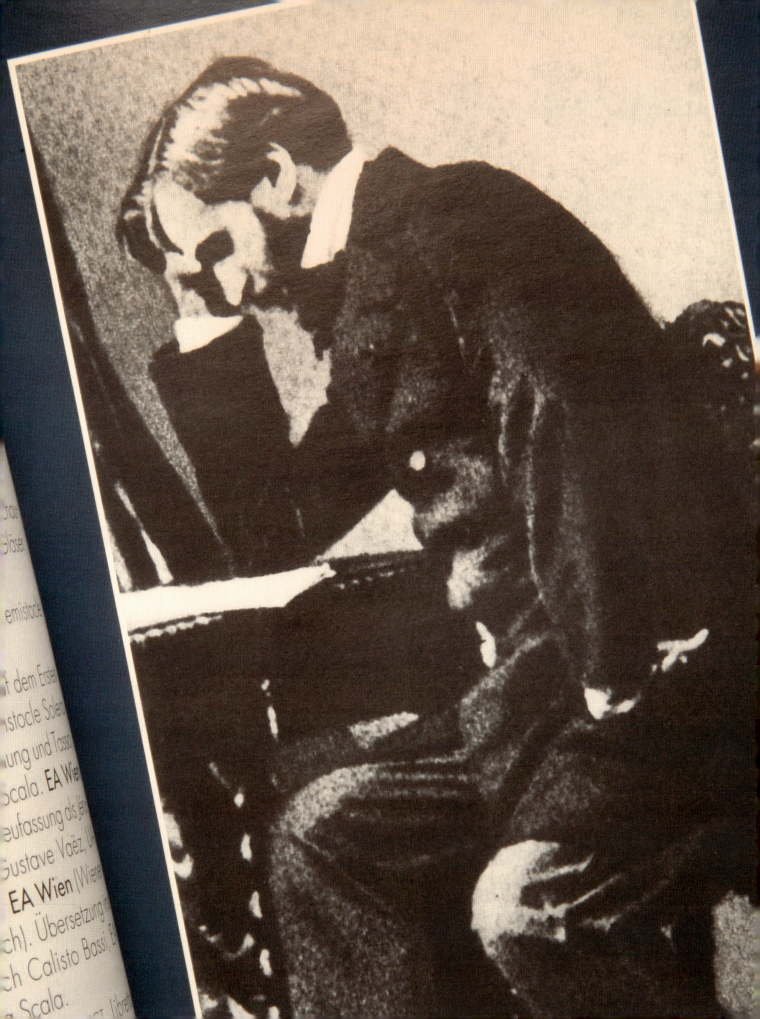

Vorhergehende Doppelseite:
Mailand heute: Die elegante Einkaufspassage *Galleria Vittorio Emanuele II*, die größte Passage Europas.

Oben:
Bilder vom *Conservatorio di Musica* in Mailand, das den Schüler Verdi ablehnte.

Folgende Doppelseite:
Das Opernhaus von Mailand, die weltberühmte *Scala*, in der viele Opern Verdis uraufgeführt wurden.

Verdi nahm nach der Ablehnung seine weitere Ausbildung selbst in die Hand und studierte in den Jahren von 1832 bis 1835 bei Vincenzo Lavigna (der wiederum Schüler von Giovanni Paisiello war) in Mailand Harmonie und Kontrapunkt und schrieb Märsche für Blasorchester, kleine Orchesterstücke für Kirchen und Konzerte, Kantaten und Arien. Die gesamte musikalische Ausbildung ging zurück auf die Musiktheorie des 18. Jahrhunderts. Wie man Opern komponiert, lernte Verdi durch Selbststudium und erste kleine Aufträge.

Als Kapellmeister, *maestro di musica*, kommt er schließlich 1836 zurück nach Busseto, kann auf eigenen Füßen stehen. Aber die Ablehnung durch das Konservatorium hat er nie wirklich verwunden, und als ein Menschenalter später – Verdi war fünfundachtzig Jahre alt! – das Konservatorium nach ihm benannt werden sollte, schrieb er zornschnaubend 1898 an seinen Musikverleger Giulio Ricordi:

> *»Es ist fünf Uhr nachmittag, und ich lese im ›Corriere‹: ›Das Mailänder Konservatorium soll nach Gius. Verdi genannt werden.‹ Herrgott noch mal, das fehlte grad noch, um einen armen Teufel wie mich zur Verzweiflung zu bringen, der nichts verlangt, als seine Ruhe zu haben und in Ruhe zu sterben. Aber nein, selbst das ist mir nicht vergönnt! Was habe ich denn verbrochen, dass sie mich derart drangsalieren!??*
> *Ich weiß nicht, wo Gallignani [der Konservatoriumsdirektor] steckt, der wahrscheinlich daran schuld ist. Tun Sie mir den Gefallen und machen Sie ihn ausfindig, werfen Sie ihm in meinem Namen alle erdenklichen Schimpfwörter an den Kopf. Und wenn nicht ihm, dann schreiben Sie, wem Sie wollen, nur schaffen Sie mir diese Benennung vom Hals, die ich nicht ausstehen kann, die ich verabscheue und die mich wie seinerzeit der Titel Marchese bloß lächerlich macht.*
> *Tun Sie mir die Liebe, wenden Sie das von mir ab, und ich werde Ihnen ewig dankbar sein. Telegrafieren Sie auf meine Kosten, an wen Sie Lust haben, bloß ersparen Sie mir diese Tortur.«*

Und gleich vier Tage später schrieb er noch einmal, man kann sich vorstellen, wie es in diesen vier Tagen in ihm gewütet hat:

> »›Konservatorium Giuseppe Verdi‹ ist ein Missklang! Ein Konservatorium hat, ich übertreibe nicht, ein Attentat auf meine Existenz verübt, und ich muss jede Erinnerung daran aus meinem Gedächtnis tilgen.«

Natürlich sind wir nach Mailand gefahren, um das Konservatorium zu sehen, das Verdi damals abgelehnt hat: Wie müssen sie sich eigentlich bis heute schämen! Nein, keineswegs. In ihrer Chronik steht unter dem 22. Juni 1832 lapidar: »*Giuseppe Verdi non supera l'esame di ammissione al Conservatorio di Milano*«, Giuseppe Verdi hat die Aufnahmeprüfung nicht bestanden. Aber die Institution ist sogar tatsächlich nach ihm benannt, und zwar seit seinem Todestag, dem 27. Januar 1901. Alle Proteste haben nichts genützt. Seine Büste steht da, der größte Konzertsaal heißt nach Verdi, der kleinere nach Puccini, und auf den Fluren tönen seine Melodien aus vielen Übungszimmern. Ich bin ein paar Stunden einfach nur im Haus herumgegangen, habe auf schäbigen Bänken in gebohnerten Fluren gesessen und gehört und geschaut. Die jungen Musikstudenten schlurfen in den weltweit üblichen dicken Turnschuhen durch die tristen Gänge, das Ganze sieht sehr armselig aus und bröckelt vor sich hin, wieder mal: kein Geld da für die Kultur, oder: Kultur hinter den Kulissen ist fast immer mehr als schäbig.

Verdis Verhältnis zu Mailand war eigentlich gut, obwohl er auch nachtragend sein konnte – nach einem Streit mit dem Scala-Direktor Bartolomeo Merelli trägt jede seiner Opern zwischen 1845 und 1869 den Aufführungshinweis: »*Überall, außer Scala*«. Erst mit *Otello* gab es 1887 wieder eine Verdi-Uraufführung an der Scala.

Vom Konservatorium aber wollte er nie mehr etwas hören, und der Gedanke, es könnte nach ihm benannt werden, quälte ihn geradezu. Überhaupt waren ihm Ehrungen tief zuwider. 1868 ernannte man ihn zum Ritter des Ordens der Italie-

nischen Krone. Der Minister für Volksbildung, Emilio Broglio, schickte ihm die Urkunde, und weil gerade dieser Minister vorher in einem Brief an Rossini mal erwähnt hatte, er sei kein Musikkenner, glaube aber, dass seit vierzig Jahren in Italien keine Oper mehr geschrieben worden sei, antwortete Verdi entnervt:
»*Und warum schickt man mir dann diesen Orden? Es muss sich um eine Adressenverwechslung handeln, und ich schicke ihn hiermit zurück.*«
In einem Brief an seinen Jugendfreund und juristischen Berater Giuseppe Piroli erklärt er seinen Zorn näher:

> »*Was den Orden angeht [...], den habe ich darum abgelehnt, weil der Brief des Ministers eine offene Beleidigung war – nicht für mich, den sie wenig gekümmert hat, sondern für die Kunst und die beiden, die nicht mehr sind (Bellini, Donizetti) und sich nicht mehr wehren können.*«

Als man Verdi den Titel Marchese verleihen will, schreibt er an den Kulturminister Martini: »*Meine Dankbarkeit wird viel größer sein, wenn diese Ernennung unterbleibt.*«
Und als die Universität von Cambridge ihn zum Ehrendoktor ernennen will, schickt er Arrigo Boito vor und lässt dem den Doktorhut aufsetzen.

Verdis Verhältnis zu Busseto war auch nicht ungetrübt, obwohl er hier so viel frühe Förderung bekommen hat. Hier hat er ja auch als junger Mann Margherita, die Tochter seines Gönners Barezzi, geheiratet, hat zwei Kinder mit ihr bekommen und nach nur knappen vier Jahren glücklichen Familienlebens diese Kinder und seine Frau durch schreckliche Krankheiten innerhalb von weniger als zwei Jahren wieder verloren. Als er sehr viel später mit seiner zweiten Frau, der Sängerin Giuseppina Strepponi, erst nach Busseto, dann nach Sant'Agata, auf sein Landgut in der Nähe zog und zunächst mehr als ein Jahrzehnt unverheiratet mit ihr zusammenlebte, wurde in Busseto getuschelt und geklatscht, intrigiert und moralisiert, und das Verhältnis zwischen den Bürgern Bussetos und Verdi sank auf Minusgrade. Man nannte die Strepponi seine Mätresse, und als sie später Madame Verdi war, verzieh sie das nie.

Unter anderem auch deswegen ärgerte er sich, als dort 1865 der Bau eines Opernhauses geplant wurde, das *Teatro Verdi* heißen sollte und für das man ihn um finanzielle Unterstützung bat. Busseto, deutete man an, habe genug für Verdi getan, nun sei er berühmt und könne mal was zurückzahlen. Er spendete Geld, ja, aber er wollte mit einem solchen Opernhaus nichts weiter zu tun haben.

Der Innenraum des *Teatro Verdi* in Busseto, das Verdi nie betreten hat.

Sehr wahrscheinlich gehörte Barezzi der Kommission für das geplante Opernhaus an. Verdi schrieb voller Zorn:

> »Dies ist mehr als eine Ungehörigkeit. Dies ist eine Beleidigung … Die moralische Schuld wird bleiben. Ja. Aber ich hebe den Kopf und sage voller Stolz: ›Meine Herren, ich habe Ihren Namen ehrenvoll in alle Welt getragen.‹ […] Ich möchte nie mehr über die Angelegenheit sprechen, ich wünsche mir von Ihnen nur eines: Frieden; wenn Sie wollen, sogar Nichtbeachtung.«

Und das von Verdi, der so großzügig war, der immer die Armen und die Bauern der Gegend unterstützte, dem die Armen in Le Roncole jene Dankestafel errichteten und der seinen gesamten Nachlass in das Altersheim für mittellose Musiker steckte, das er in Mailand gegründet hatte … Aber den engstirnigen Bürgern von Busseto begegnete auch der dickköpfige Bauer Verdi stur. Sein NEIN zum nach ihm benannten Opernhaus, diesem Monument bourgeoiser Komponistenverehrung, war endgültig, und als es am 15. August 1868 eröffnet wurde, war er demonstrativ verreist, und er hat es auch überhaupt niemals betreten und sogar eine Diskussion darüber angezettelt, wieso eine derart kleine Stadt mit lauter einfachen Menschen und Bauern ein eigenes Opernhaus brauche … In das schlichte

alte Theater ohne Gold und Samt, in dem Barezzi mit seinen Freunden Musik aufführte, natürlich auch Musik des jungen Verdi, ging er hingegen oft. Hier war übrigens zum ersten Mal öffentlich Opernmusik von Verdi zu hören: 1828 wurde im Bussetaner Theaterchen Rossinis *Il barbiere di Siviglia* gespielt, und zwar mit einer Ouvertüre, die der fünfzehnjährige Verdi beigesteuert hatte, weil Rossini für seine Oper keine geschrieben hatte.

Zu Verdis 100. Todestag hat Franco Zeffirelli im *Teatro Verdi* in Busseto die *Aida* inszeniert. Ich traf Zeffirelli kurz danach in Mailand, wo eine große Ausstellung den Komponisten ehrte, und er sprach voller Ehrfurcht von Busseto und der schönen kleinen Oper. Ich habe mich nicht getraut, ihn daran zu erinnern, wie sehr Verdi dieses Theater gehasst hat.

Das Theater ist klein, es hat Platz für höchstens hundertfünfzig Zuhörer, und doch hat Toscanini dort auch mal *Aida* dirigiert. Man kann sich ausgerechnet diese monumentale Oper in Busseto nun gar nicht vorstellen. Meine erste *Aida* sah ich in den frühen 1960er Jahren in den Caracalla-Thermen in Rom, auf der Bühne loderten an allen vier Ecken imposante Feuer, und Pferde preschten mit den Kutschen herein, es war gewaltig. An die Musik kann ich mich bei so viel Spektakel kaum erinnern. Aber *Aida* in Busseto – das hätte ich zu gern erlebt. Und wenn wir schon bei *Aida* sind, will ich nicht versäumen, zu zitieren, was der junge Richard Strauss mit zweiundzwanzig Jahren aus Florenz an seine Eltern schrieb:

»*Gestern Abend Aida, scheußlich. Indianermusik.*«

Und eine Woche später aus Rom:

»*Das Theatergehen habe ich schon abgeschworen, zur italienischen Musik werde ich mich wohl nie bekehren, es ist einfach Schund.*«

Und, ach, wie anders liest man es zehn Jahre später in seinen unterwürfigen Briefen an Verdi, dem er seinen *Guntram* ans Herz legt:

»*Ich wäre glücklich, böte sich mir einmal Gelegenheit, mich mit Ew. Hochwohlgeboren über die göttliche Kunst, die Musik, auszusprechen, um dadurch den Ansporn zu neuen Einfällen und neuem Schaffen zu erhalten …*«

Verdi schrieb nach so viel Schwulst nüchtern an seinen Verleger Ricordi:

»*Ich wäre dankbar, wenn Sie mir etwas über einen Münchener Komponisten mitteilen könnten, der mit einer Oper ›Guntram‹ an die Öffentlichkeit getreten ist. Der Komponist heißt Richard Strauss. Sagen Sie mir, falls Sie es wissen, ob das derselbe ist, der die Valtzer geschrieben hat.*«

Linke Seite:
Der Haupteingang des Teatro Verdi in Busseto.

Zurück zur kleinen Oper von Busseto.

Wir finden das Haus geschlossen vor, eine Signora sagt streng, um zu fotografieren, müssten wir uns auf irgendeinem Büro eine Erlaubnis holen und dafür 120 Euro zahlen. Sie hat Kopfschmerzen, schlechte Laune, ist unfreundlich, und in ihrem Büro im Trakt des *Teatro Verdi* hängt ein großes Bild von – Mozart.

Am nächsten Tag, wir wollen es noch einmal versuchen, treffen wir auf ein freundliches junges Mädchen, das uns ohne Weiteres ganz unkompliziert den Schlüssel zum Theater gibt und sagt: »*Schauen Sie sich alles in Ruhe an!*«

Oben:
Verdi fährt Rennrad – Karikatur zum *Giro d'Italia* 2005.

Unten:
Der *maestro* auf einem alten Tausend-Lire-Schein.

Na also, es geht doch, und wir sind dort allein mit einem Elektriker, der hoch auf der Leiter steht und fluchend am Kronleuchter herumbastelt. Wir betreten einen rührenden, liebevoll ausgestatteten kleinen Opernsaal mit immerhin drei Logenreihen, mit zwölf oder vielleicht fünfzehn Parkettreihen, alles in Rot, Gold, Elfenbein, wie fast immer in italienischen Opernhäusern, und an der Decke schweben Engel, und auf der Bühne ist ein dunkelblaues Bühnenbild aufgebaut, das zu *Rigoletto* gehören könnte. Der wurde damals auch zur Eröffnung hier gespielt.

Ich spaziere durch das kleine, verschlafene Busseto. Der Hauptplatz und die Hauptstraße werden gerade abgesperrt, denn am nächsten Tag tobt hier eine Etappe des *Giro d'Italia*. In einem Schaufenster sehe ich ein Plakat: Giuseppe Verdi mit wehender Mähne und italienischem Schal auf einem Rennrad. Auch hier ist er also, und ich kaufe skurrile Postkarten und alte Tausend-Lire-Scheine

Interieur mit Flügel und Porträt von Giuseppina Strepponi in der Villa Barezzi in Busseto. Das Haus des Verdi-Mäzens ist heute ein viel besuchtes, schönes Museum.

mit Verdis Konterfei. Es gibt in Busseto nicht nur eine Via Verdi, es gibt auch eine Via Brahms, eine Via Ravel, eine Via Gershwin, und sogar nach der Strepponi ist eine Straße benannt.

Das schöne große Haus des Antonio Barezzi, der Verdis Entdecker, Förderer, Freund und später auch Schwiegervater war, ist heute ein Verdi-Museum. In der *Casa Barezzi* sieht man Partituren, Briefe, Porträts, Bühnenbilder, Karikaturen, Kostüme, alles, was einen Verdi-Freund interessiert, und es wird auf Bitte und Anfrage kenntnisreich und geduldig von freundlichen Helfern erklärt. Man sieht den Brief, den Verdi 1867 an seine lebenslange Freundin, die Gräfin Clara Maffei, zum Tod Antonio Barezzis schrieb:

»*Voi sapete che a lui devo tutto, tutto, tutto … quanta generosità, quanto cuore e quanta virtù.*«
»Sie wissen, dass ich ihm alles verdanke, alles, alles. Und ihm allein, nicht andern, wie man glauben machen wollte. Ich meine ihn noch zu sehen (und das sind nun viele Jahre), wie ich am Ende meiner Gymnasialzeit in Busseto, als mein Vater erklärte, er könne mir die Mittel für die Universität in Parma nicht geben – mich eben entschlossen hatte, in das Dorf zurückzuziehen, wo ich geboren bin.
Der gute Alte erfuhr das und sagte mir: ›Du bist zu etwas Besserem auf die Welt gekommen und sollst nicht Salz verkaufen und das Feld umgraben müssen. Verlange von der Armenstiftung das bisschen Unterhalt, fünfundzwanzig Franken im Monat für vier Jahre, und den Rest übernehme ich. Du kannst nach Mailand ans Konservatorium gehen und wirst mir das Geld, das ich für dich ausgelegt habe, ersetzen, sobald du dazu imstande bist.‹
Und so war es dann! Sie sehn, er war ein nobler, guter, herzlicher Mensch. Ich bin mit allerhand Leuten zusammengekommen – nie mit einem Bessern! Er hat mich lieb gehabt wie seine Söhne, und ich habe ihn lieb gehabt wie meinen Vater.«

Zeitlebens war Barezzi für Verdi der Vater, denn mit Carlo, seinem richtigen Vater, kam er nie besonders gut aus; es gibt einige zornige Briefe, die das belegen.

Auch ein anderer, ein sehr berühmter Brief Verdis, an die Gräfin Maffei, die in Mailand einen politisch-literarischen Salon unterhielt, liegt hier in Barezzis Haus unter Glas. Da schreibt der Komponist am 20. Oktober 1876:

»*Copiare il vero può essere una buona cosa, ma inventare il vero è meglio, molto meglio.*«

Das Wahre kopieren mag eine gute Sache sein, aber das Wahre erfinden ist besser, viel besser. Und er fügt hinzu, woher er diese Weisheit hat, die ja ein Widerspruch in sich zu sein scheint:

»*... parevi si contradizzione in queste tre parole: inventare il vero. Ma domandatelo a Papà Shakespeare ...*«

Der Säulengang vor der Oper in Bologna. Musikstudenten haben Plakate aufgehängt, die dazu auffordern, mehr für die Kultur im Lande zu tun.

Der Brief des Schriftstellers Gabriele D'Annunzio zu Verdis Tod ist hier aufbewahrt, in dem er beklagt, dass nach Dante, Michelangelo und Leonardo nun auch Verdi nicht mehr sei – man sieht, in welcher Ahnenreihe der Komponist für seine Italiener steht. D'Annunzio hat nach Verdis Tod eine Ode auf den Komponisten geschrieben, die mit den Worten endet: *»Er liebte und weinte für alle Menschen.«*

In der Via Roma 56 in Busseto ist der Palazzo Orlandi, in dem Verdi mit der Strepponi wohnte, ehe sie nach Sant'Agata zogen. Er ist groß, imposant, aber grau, traurig und heruntergekommen; wir sind in Berlusconis Italien, in dem die Kultur zerfällt und die Studenten in Bologna ein großes Spruchband an ihre Universität im Stadtzentrum gehängt haben: *»Che musica suona l'Italia, diamo un futuro alla musica!«*

Wenn der Name Italien noch immer nach Musik klingen soll, dann müssen wir dieser Musik auch eine Zukunft geben. Wenigstens wird dort noch für die Kultur demonstriert.

Folgende Doppelseite: Das Castello di Torrechiara inmitten fruchtbarer Weinanbaugebiete und weiter Ebenen in Mittelitalien.

Oben:
Seitenansicht des Landguts Sant'Agata von Giuseppe Verdi. Hier lebte er mit seiner zweiten Frau, Giuseppina Strepponi, fast 50 Jahre.

Rechte Seite:
Historische Fotografie von Sant'Agata. Ein prachtvoller Park umgibt das Landgut.

Folgende Doppelseite:
Gartenansicht von Sant'Agata. Rechts sieht man einige Exemplare der Kakteenzucht von Giuseppina Strepponi.

Von Busseto ist es nicht weit nach Sant'Agata, zu Verdis Landgut, dem schönen, breiten, niedrigen Haus in dem riesigen Garten, umgeben von Ländereien. Verdi konnte mit den Operndirektoren und mit seinem Verlag geschickt verhandeln, er war durch seine Opern schon sehr früh sehr reich geworden. Und so konnte er 1848, mit nur fünfunddreißig Jahren, dieses große Anwesen kaufen. Hier lebte er mit Unterbrechungen durch seine vielen Auslandsaufenthalte und Reisen fünfzig Jahre – von 1851 bis zu seinem Tod 1901 – und kaufte immer wieder Land dazu. Hier war er glücklich, und man ahnt auch sofort, wie glücklich ein Künstler hier sein kann.

Die Atmosphäre ist ländlich und doch vornehm, man spürt geradezu: Hier lebte, hier lebt fast noch ein Künstler, ein Musiker; es liegt etwas davon in der Luft, in den schweren grünen Vorhängen gegen die Sonne. Da stehen Verdis Klaviere – das Fortepiano »Austria«, auf dem er *Rigoletto, La Traviata, Il Trovatore* komponiert hat, die man später *»die romantische Trilogie«* nannte, und sein Erard-Flügel. 1870 hat er ihn in Paris gekauft, Richard Wagner soll den gleichen gehabt haben. An diesem Flügel komponierte er die späten Meisterwerke *Aida, Otello, Falstaff*. Oft saß sein letzter, sein bester Librettist, der ihm auch ein Freund wurde, hier neben ihm: Arrigo Boito. Der Flügel ist seit Verdis Tod versiegelt. Niemand hat nach Verdi je wieder die Tasten berührt.

Verdi war ein großer Briefeschreiber, von mehr als 25 000 Briefen wissen wir. Was irgend möglich war, hat er vernichtet und soll zum Thema Briefveröffentlichung einmal zornig gesagt haben:

> »Aber wozu soll es auch gut sein, dass nun einer hingeht und Briefe eines Musikanten herauszieht? Briefe, die immer in der Hast geschrieben sind, um die er sich nicht gekümmert, die er nicht wichtig genommen hat, weil der Musiker weiß, dass er als Schriftsteller keinen Ruf wahren muss. Ist es nicht genug, dass man seine Noten auspfeift? Nein, guter Herr, auch noch die Briefe! Wahrhaftig, es ist eine arge Plage, berühmt zu sein.«

Im Arbeitszimmer in Sant'Agata ist Verdis Schreibtisch zu sehen, darauf – wieder von Franco Zeffirelli gestiftet – Marmorhände und eine üppige Schreibtischgarnitur aus grünem Malachit, ein Geschenk des Zaren Alexander II. Hier schrieb er den berühmten Brief zum Tode Richard Wagners an die Verlegerfamilie Ricordi:

> »Traurig, traurig, traurig.
> Wagner ist tot!
> Als ich gestern die Depesche las, war ich, das darf ich wohl sagen, völlig niedergeschmettert. Hier schweigt jede Erörterung. Es entschwindet uns eine große Persönlichkeit. Ein Name, dessen Spur in der Geschichte der Kunst nicht untergehen wird …«

Vorhergehende Doppelseite:
Die Parkanlage von Sant'Agata ist mit viel gärtnerischem Können angelegt. Kleine Teiche und romantische gusseiserne Brücken schmücken die Anlage.

Unten:
Der Weinkeller des Landguts Sant'Agata.

Aus Mailand holte man nach Verdis Tod die Möbel des Sterbezimmers im Hotel: ein schweres Bett, einen Schrank – es sieht wirklich jetzt ein wenig wie ein Hotelzimmer aus. Über dem Bett hängt das Bild des über achtzigjährigen Mannes, der so schön war noch im hohen Alter. Es ist das Bild, das auch auf meinem Schreibtisch steht.

Das Zimmer fällt ein wenig aus dem Rahmen der übrigen Einrichtung, die eine andere Handschrift zeigt. Das Haus ist elegant, aber doch irgendwie einfach – alles ist gut durchdacht und mit Geschmack gewählt. Die Hauswände sind ocker oder himbeerfarben gestrichen, die Läden und Türen grün. Hinter dem Haus ist eine Remise mit fünf Kutschen in schwarzem, glänzendem Holz. Hier standen die Pferde, die zu den Reisen angespannt wurden, vier allein brauchte man für den Phaeton, einen Wagen, der wohl damals das war, was heute ein Ferrari ist. Jahre später fuhr der autoverliebte Puccini ein Automodell der Marke Phaeton, mit sage und schreibe fünfzig Stundenkilometern! Das hätte dem viel reisenden Verdi eine Menge Zeit und Unannehmlichkeiten erspart …!

Um das Haus herum erstreckt sich ein Park mit hohen, schönen Bäumen. Es gibt eine immer wieder

Einige der Kutschen in Verdis Remise.

erzählte Anekdote, die nicht wahr ist, wie man mir in Sant'Agata versicherte, aber ich will sie einfach glauben: dass er nach jeder Oper hier einen Baum pflanzte, eine Trauerweide für *La Traviata*, eine Platane für *Rigoletto*, eine Eiche für *Il Trovatore* ... Die Bäume sind da, aber, sagt die Frau, die Bescheid weiß und Touristen durch den Park führt, zufällig. Er hat sie gepflanzt, ja, aber nicht nach diesen Opern. Mein Gefühl sagt mir etwas anderes ...

Ich gehe über klug angelegte Wege, schattig ist alles und gepflegt, und dahinter erstrecken sich die Felder, auf denen er selbst gearbeitet hat.

Unmittelbar am Haus ist ein kleiner angelegter Garten noch zu erahnen, hier pflegte Giuseppina Strepponi ihre Kakteensammlung. Sie schrieb 1867 an Clara Maffei über Verdi und seinen Garten, dass er zunächst *Peppinas Garten* hieß, aber:

> »Dann dehnte er sich aus und wurde zu ›seinem‹ Garten. Ich kann dir sagen, in diesem ›seinem‹ Garten herrscht er wie ein Zar, sodass ich auf wenige Handbreit Boden beschränkt bin, wo er vereinbarungsgemäß nicht die Nase hineinzustecken hat. Dass er sich immer an das Vereinbarte hält, kann ich nicht grad behaupten, habe aber Mittel und Wege gefunden, ihn zur Räson zu bringen, indem ich drohe, Kohl statt Blumen zu pflanzen.«

Man sagte, dass Verdi genauso profunde Kenntnisse im Kontrapunkt wie in der Landwirtschaft hatte; daraufhin schrieb der Wiener Kritiker Eduard Hanslick ironisch in seiner gnadenlosen Abrechnung mit Verdis Musik: »*Glückliche Felder!*«

Verdi war mit seiner Landschaft tief verbunden. Zeitlebens liebte er die Emilia-Romagna:

> »*Es ist kaum möglich, noch einmal eine solch rauhe Gegend wie diese anzutreffen. Aber es ist genauso unmöglich, dass ich für mich etwas finde, was mir soviel Freiheit zum Leben lässt. Und dann diese Stille, diese Zeit zum Nachdenken.*«

Giuseppina Strepponi hatte ihren eigenen Salon. Hier dominiert grüner Samt, die Möbel sind etwas leichter. Sie liebte ihren Papagei Lorito, Verdi hasste ihn, denn er pfiff seine Melodien. Er hasste es ja schon, wenn fahrende Leierkastenmänner sie nachspielten, und nun auch noch ein Papagei! Oben im Haus wohnten die Diener, die Herrschaften mit Hündchen Loulou blieben unten, mit freiem Zugang zu Park und Garten. Verdi war für damalige Verhältnisse groß, etwa 1,70 Meter, aber an den zierlichen Gartenmöbeln sieht man noch, wie schmal diese Menschen waren im Gegensatz zu uns, die wir uns hier fehl am Platz vorkommen, zu neugierig, zu groß, zu laut. Ich fühle mich jetzt gerade als Teil eines Tourismus, der durch Haus und Park lärmt und stört und zerstört. Ich säße jetzt gern still in einem dieser alten Gartensesselchen, und dann müsste nur noch leise Musik aus dem Haus ertönen, und der Traum wäre perfekt.

Linke Seite:
Porträt von Giuseppina Strepponi.

Oben:
Loulou, der kleine Hund der Strepponi. Er liegt im Garten begraben.

Unten:
Die Kirche von Sant'Agata, dem kleinen Ort wenige Kilometer entfernt von Busseto.

Wenn man heute Bücher über das Leben des Giuseppe Verdi liest, staunt man darüber, was er alles selbst gemacht hat – er hat Wasserkanäle angelegt, Bäume gepflanzt, Felder beackert, einen Park gestaltet, er hat drei Molkereien für die Bauern der Gegend gegründet, er hat Pferde, Enten und Schweine gezüchtet und eigenen Schinken mit dem Markenstempel **GV** hergestellt; nur wenn er auf die Jagd ging, sagt man, schoss er bloß in die Luft, um den Hunden etwas zu bieten.

Übrigens sprach er auch lebenslang den lombardisch-emilianischen Dialekt der Gegend, er sagte *bun giorn* statt *buon giorno*, er sprach nicht von der *partitura dell'Otello*, sondern von der *pardidura del Odèl* und nannte seine Heimatstädte Roncole und Busseto *Roncàl* und *Bussé*.

»*Sono un contadino*«, sagte Verdi immer trotzig von sich, ich bin ein Bauer, und legte Halstuch und Zylinder ab. Er, der so viel reiste, für seine eigenen Opern wie auch, um so oft wie möglich die Opern von Kollegen zu hören, er hasste den

Links:
Es gibt farbenprächtige Gartenhäuser in Sant'Agata. Der Park von Verdis Landgut sieht selbst aus wie eine inszenierte Oper, voller Schönheit und Sinnlichkeit.

Rechts:
Einer der Parkwege, die zum Wohnhaus führen, gesäumt von gepflegten geschnittenen Hecken und Sträuchern.

Premierenrummel und die Prominenz. Das eine sein Beruf – die Musik; das andere seine Leidenschaft – die Landwirtschaft.

Einmal schrieb Verdi über sich selbst an seinen Freund, den Grafen Arrivabene:

> »Wenn du ihm sagst, dass sein Don Carlos nichts taugt, pfeift er drauf, aber wenn du seine Fähigkeiten als Maurergehilfe bestreiten würdest, wäre er beleidigt.«

Er ist sehr viel gereist, kreuz und quer durch ganz Europa – überall hat er seine Opern selbst inszeniert und dirigiert. Nur ein Beispiel für diese Reisewut: Im Dezember 1861 trifft er in St. Petersburg ein, um *La forza del destino* auf die Bühne zu bringen. (Nach Petersburg nahm er 120 Flaschen italienischen Wein mit und ließ sich aus der Heimat Nudeln nachschicken!) Im Januar 1862 reist er für einige Zeit nach Moskau, Ende Februar bis Ende März ist er in Paris, ab April dann in London. Im Juni arbeitet er in Turin, ab August ist er wieder in Russland, im September dirigiert er in Paris, und so geht das weiter – immer unterbrochen von Erholungspausen in Busseto und Sant'Agata. Er reiste per Pferdekutsche, Schiff, manchmal (zum Beispiel in Deutschland) mit der noch nicht lange erfundenen Eisenbahn. Er hat in Neapel, Florenz, Rom und Madrid dirigiert, und dreimal war er auch in Deutschland, aber er hat sich immer von der sogenannten guten Gesellschaft ferngehalten. In Paris war er am längsten, insgesamt fast sechs Jahre, rechnet man alle Aufenthalte zusammen, aber das hat dem Bauern aus Le Roncole nach eigener Aussage keinen gesellschaftlichen Schliff gegeben: »*...ich bin, ich muss das wohl beichten – ein ärgerer Bär als zuvor*«, schrieb er 1848 an Vincenzo Flauto, der das *Teatro San Carlo* in Neapel leitete.

> »Sechs Jahre arbeite ich nun unaufhörlich, wandere von Land zu Land und habe noch nie ein Wort zu Journalisten gesprochen, nie einen Freund um etwas gebeten, niemals reichen Leuten den Hof gemacht, um Erfolg zu haben. Nie, niemals: ich werde solche Mittel immer verschmähen.«

Er war stolz, er war verschlossen, er war stur, er hasste Klatsch und Tratsch, Anbiederei und Lüge, und an einmal gefassten Entschlüssen hielt er fest und duldete keine Diskussionen, weder, was die Landwirtschaft, noch, was die Opern betraf. Und erst recht nicht in seinem Privatleben – solange die Leute in Busseto über ihn und Giuseppina tuschelten, die Straßenseite wechselten, wenn Madame Strepponi kam, und in der Kirche nicht neben ihr sitzen wollten, gab er nicht den großen Sohn der Stadt. Er brüskierte sie wie sie ihn.

Und es ist ja nicht so, als hätte er mit seinen Opern immer nur Erfolge eingefahren, beileibe nicht. Da ging die Arbeit von Monaten oft in Pfeifkonzerten unter, und bitterböse schreibt er zum Beispiel 1857 nach dem Misserfolg des *Simon Boccanegra* am *Teatro La Fenice* in Venedig an Ricordi:

> »*Du wunderst dich über das schlechte Benehmen des Publikums? Mich überrascht es wahrhaftig nicht. Die Leute sind immer glücklich, wenn sie zu einem Skandal kommen können. […] Wir armen Zigeuner, Scharlatane und dergleichen sind nun einmal gezwungen, unsere Arbeit, unsere Einfälle, unseren Wahn und Rausch um Gold zu verkaufen – das Publikum erwirbt sich für drei Lire das Recht, uns auszupfeifen oder mit Beifall zu überschütten! Resignation ist unser Schicksal: damit ist alles gesagt.*«

Verdis Landgut Sant'Agata ist in Sand- und Gelbtönen gehalten. Die Bäume hat er zum großen Teil selbst gepflanzt.

Folgende Doppelseite:
Ein großes schmiedeeisernes Tor führt aus der Parkanlage des Landguts direkt in die Alleen und Feldwege der umliegenden Landschaft.

Rechte Seite:
Einer der vielen Säulengänge von Bologna.

Folgende Doppelseite:
Kurz vor Beginn der Opernvorstellung in der Oper von Parma.

Damit will er aber keineswegs dem Publikum das Recht auf eine eigene Meinung absprechen, im Gegenteil: Die fordert er geradezu, wenn er zum Beispiel 1872 an seinen Freund Cesare De Sanctis schreibt:

> *»Was sollen all diese Schulen, diese Vorurteile in Bezug auf Harmonie, Germanismus, Italianismus, Wagnerismus usw. – – – –? Es steckt noch etwas mehr in der Musik – – – – nämlich die Musik selbst! – – – – Das Publikum soll sich einen Teufel darum kümmern, welche Mittel ein Künstler verwendet! – – – – Es soll alle Vorurteile und Einordnung in Schulen von sich schieben. – – – – Wenn ein Stück schön ist, soll es klatschen, wenn es übel ist, soll es pfeifen! Das ist seine ganze Aufgabe! – – – – Die Musik ist universal! Diese Dummköpfe und Pedanten wollen Schulen eröffnen und Systeme erfinden!!!! – – – – Ich dagegen möchte, dass das Publikum von einem höheren Standpunkt aus urteilt, sich nicht von den elenden Gesichtspunkten der Journalisten, Professoren und Klavierspieler beeinflussen lässt: nur der Eindruck ist wichtig! Verstehen Sie? Eindrücke, Eindrücke und nochmals Eindrücke, weiter nichts!«*

Ein deutscher Opernintendant erzählte mir, dass das Wohl und Wehe einer Inszenierung von der Kritik des Rezensenten abhängt, den die wichtigste Zeitung schickt. Er nennt einen Namen und sagt: »*Wenn der kommt und seinen Verriss schreibt, und der verreißt mit Lust und immer, schafft es das Stück nicht über fünf Vorstellungen.*« Das Publikum heute vertraut zu sehr auf die Meinung einzelner Kritiker als auf seine eigene, vielleicht hat es auch einfach nicht mehr genug Kenntnisse und Ahnung von dem, was da auf der Bühne passiert – andererseits, ist das nötig? Eine Oper erreicht uns, oder sie erreicht uns nicht. Damals und manchmal auch noch heute, zum Beispiel in Parma, war und ist das Publikum der wichtigste und strengste Kritiker. Der deutsche Komponist Otto Nicolai hat dazu in seinem Buch »*Musikalische Aufsätze*« Mitte des 19. Jahrhunderts geschrieben:

> *»So was [er meint vernichtende Rezensionen] kann in Italien gar nicht geschehen! Das ganze Publikum urteilt einstimmig. Hier wartet man nicht erst ab, bis der gefürchtete aufgeblasene Rezensent in einigen Tagen das Urteil über das Kunstwerk schwarz auf weiß abgegeben haben wird, um alsdann darnach sein eigenes richten zu können – hier urteilt das ganze Parterre sogleich über die Sachen ab, und am ersten Abend wird dem Komponisten von der Masse entweder Ja oder Nein zugerufen.«*

Natürlich kann auch das Publikum irren – manche Oper hat trotz des Reinfalls bei der Uraufführung ihren Siegeszug angetreten. Bei Verdi waren die Uraufführungen fast nie erfolgreich, er änderte, schrieb um, das Stück wurde in einem anderen Haus gespielt, und, siehe da, nun kam der Erfolg.

Aber: All das muss dem Künstler egal sein, es darf ihn nicht zerbrechen. Mit dem jungen Komponisten, dem ich in Busseto eine Kerze gespendet habe, sprach ich mal darüber, wie man solche Misserfolge wegsteckt. Wie man weiterarbeiten kann, wenn Kritik und Publikum die Arbeit ablehnen. Er sagte: Man muss seine Musik in sich haben und nicht für jetzt und heute machen, sondern dafür, dass die Musik, die Oper auch in hundert, zweihundert Jahren noch lebendig ist.

Genauso, glaube ich, hat Verdi bei allem Zorn auf die Kritiker, aller Verzweiflung über das Publikum letztlich auch gedacht.

Auch die Kleingeister von Busseto sind heute vergessen. Verdi nicht. Und eine so düstere und anspruchsvolle Oper wie zum Beispiel *Simon Boccanegra* musste bis weit ins 20. Jahrhundert warten, ehe man diese Musiksprache begriff.

Noch ein Briefzitat zum Thema Publikum und Misserfolg, Verdi schrieb dies an seine Freundin und Vertraute Clara Maffei, enttäuscht über den nur schwachen Erfolg des *Don Carlos*:

»Was wollen Sie, wenn man mit dieser Galeere zu tun hat, die andere Theater nennen, ist man nie mehr Herr über seine eigene Zeit. Arme Künstler, die zu beneiden so viele, ich will einmal sagen, die Güte haben: Sklaven eines meist ignoranten, launischen und ungerechten Publikums. Ich muss lachen, wenn ich daran denke, dass auch ich einmal – damals war ich fünfundzwanzig Jahre alt – zarte Gefühle für das Publikum hegte. Lange hat es nicht gedauert. Ein Jahr später fiel mir die Binde von den Augen. Und wenn ich in der Folge mit ihm zu tun hatte, wappnete ich mich mit einem Panzer und sagte, auf die Schüsse wohl vorbereitet: also los! Es waren tatsächlich immer Schlachten. Aber Schlachten machen immer böses Blut, auch wenn man siegt. Traurig! Traurig!«

Traurig, ja. Denken wir uns die Musik, die Literatur, die Malerei doch mal weg aus unserem Leben – was bliebe denn dann? Ich könnte versuchen, es auszumalen, aber *das* ist dann noch trauriger.

Verdi ging mit dem Publikum nicht so souverän um wie Rossini, der sich nach der Premiere seines *Barbiere di Siviglia* in Rom auspfeifen lassen musste. Er lachte darüber, kam extra immer wieder auf die Bühne, verbeugte sich provokant lachend gegen das protestierende Publikum und machte dadurch alles noch schlimmer. Heute wissen wir, wer irrte. Er gewiss nicht. Trotzdem beendete er, entnervt, mit nur 36 Jahren seine Karriere als Opernkomponist und kochte fortan lieber. Nun verdanken wir ihm die *Tournedos à la Rossini*, aber um wie vieles lieber würde ich ihm noch einige Opern mehr verdanken!

Nicht nur über ein zunehmend ungebildetes Publikum und die Arroganz der Presse machte sich Verdi Gedanken, sondern auch über die Angst junger Musiker,

Linke Seite:
Don Carlos in einer Aufführung des Württembergischen Staatstheaters Stuttgart (undatiertes Foto).

Rechte Seite:
Blick in ein Schaufenster in Busseto mit Verdi-Devotionalien.

die nicht so stark waren wie er, Ablehnung zu ertragen, und die sich lieber anpassten und die Musik letztlich dadurch verwässerten, verrieten. Dazu schrieb er 1875 an den Freund Arrivabene:

»*Ein anderes Übel dieser Zeit ist, dass alle Werke der jungen Leute von der Angst herkommen. Niemand schreibt, wie es ihm ums Herz ist, sondern wenn diese Jugend ans Schreiben geht, hat sie nur den einen Gedanken, dass man ja beim Publikum nicht Anstoß errege und sich bei den Kritikern lieb Kind mache!*«

Viele Briefe wechselte Verdi mit seinen Verlegern, das waren zunächst Vater und Firmengründer Giovanni Ricordi, dann dessen Sohn Tito und schließlich der Enkel, Giulio. Nach der Premiere von *Aida*, die er als Auftrag für die Oper in Kairo schrieb, wo sie Weihnachten 1871 uraufgeführt wurde, schrieb Verdi Anfang 1873 an Tito Ricordi:

»*Du siehst, wie ich von der Presse in diesem ganzen Jahr behandelt worden bin. Blöder Tadel und noch blöderes Lob. Nirgends ein hoher Gedanke, eines Künstlers würdig. Nicht einer, der auf meine Absichten eingegangen wäre; nichts als ungereimtes, dummes Zeug und auf dem Grund dessen ein unbestimmter Hass gegen mich, als*

hätte ich ein Verbrechen begangen, indem ich ›Aida‹ schrieb und dafür sorgte, dass sie gut aufgeführt werde. Hätte ich sie nur nie geschrieben oder wenigstens nie veröffentlicht! Wäre sie nach den ersten Aufführungen in meiner Mappe geblieben, hätte ich sie unter meiner Leitung aufführen können, wann und wo es mir beliebte, so wäre sie nimmer der Nährboden für die Bosheit der Neugierigen geworden, für die Nörgelei der Menge, der Kritiker und der Schulmeister, die von der Musik nichts kennen als die Grammatik, und die nur schlecht …«

Es hält sich ja immer noch die Legende, *Aida* sei zur Eröffnung des Suezkanals geschrieben worden. Man hatte Verdi angeboten, die Eröffnungshymne für den Kanal zu komponieren, er hatte das abgelehnt mit der Begründung, er schreibe keine Gelegenheitswerke. *Aida* eröffnete nicht den Kanal, sondern das Kairoer Opernhaus.

Franz Werfel brachte in seiner Verehrung für Verdi in den 1920er Jahren einen Band mit ausgewählten Briefen Verdis heraus. Darunter ist einer an die Verlegerfamilie Ricordi besonders grotesk, er schildert darin die Beschwerde eines Mannes, der im Mai 1872 in Parma die *Aida* gehört hat und auch der Meinung war, dass Verdi diese Oper besser nie geschrieben hätte. Ihm hat die Oper ganz und gar nicht gefallen, und er fühlt sich bemüßigt, dem Komponisten das mitzuteilen:

»Die Oper enthält durchaus nichts, was begeistert und elektrisiert; wenn die pomphaften Dekorationen nicht wären, würde das Publikum nicht bis zum Schluss aushalten.«

Linke Seite:
Orchestermusiker in der Oper von Parma spielen sich ein.

Oben:
Verdi-Karikatur zu seiner Oper *Giovanna d'Arco*.

Folgende Doppelseite:
Canal Grande in Venedig. Verdi hat oft in Venedig gelebt und gearbeitet.

Prospero Bertani, so heißt der Mann, vermutet, dass die missglückte Oper bald in den Archiven vermodern werde, aber er bereut das Geld, das er dafür ausgegeben hat:

»Sie begreifen, dass dieses Geld wie ein grauenhaftes Gespenst meine Ruhe stört.«

Und dann rechnet er Verdi vor, was Bahnfahrt, Eintrittskarte und schlechtes Abendessen im Bahnhof von Parma ihn gekostet haben, und er verlangt nun von Verdi dieses Geld zurück. Verdi hat bezahlt, abzüglich Abendessen – der Mann hätte schließlich zu Hause auch essen müssen, er bat aber als Gegenleistung um eine schriftliche Verpflichtung von Herrn Bertani, nie mehr eine Verdi-Oper zu besuchen … Er hat sie bekommen.

Links:
Masken gehören in der Stadt des Karnevals immer zum Straßenbild, nicht nur im Karneval.

Rechts:
Bronzeskulpturen berühmter Komponisten werden als Souvenirs angeboten. Hier sind es Beethoven, Mozart und Verdi.

Rechte Seite:
Gondeln in Venedig.

Die Auseinandersetzung mit dem Publikum war Verdi irgendwann gleichgültig geworden – er war gegen Dummheit und Intoleranz verhärtet –, aber die Auseinandersetzung mit Wagner blieb ein Problem, das ihn umtrieb. Werfel beschreibt in seinem Roman gegen Ende, wie sich Verdi in Venedig eines kalten Februarmorgens 1883 endlich einen Ruck gibt und sich aufmacht, um den Rivalen im Palazzo Vendramin zu besuchen. Er hatte nach langen Qualen sein Selbstwertgefühl wiedergefunden und wollte dem großen Mann jetzt begegnen, von Künstler zu Künstler. Und Verdi stellt sich in diesem Roman vor, wie diese seine erste Begegnung mit Wagner verlaufen wird:

> »Wagner wird ihm die halbe Freitreppe des Palazzo entgegeneilen, seine Hände fassen, glücklich über den ehrenvollen Besuch ihn in den Saal ziehen. Halb französisch, halb italienisch wird er ihn begrüßen, seinem Entzücken Worte verleihen, den vergötterten Künstler der lateinischen Stämme bei sich empfangen zu dürfen. Ein wunderbar tiefes Gespräch entspinnt sich. Er, Verdi, bekennt selbst: ›Ich unterschätze nicht meine Leistung. Mit meiner ›Aida‹ aber, die Ihnen, Richard Wagner, unbekannt ist, sehe ich die Entwicklung der italienischen Oper für abgeschlossen an.
> Unsere Jugend kehrt sich von der heimischen Tradition ab und geht zu Ihnen und Ihrem Musikdrama über. Gegenwärtig wird das lyrische Melodram im Anschluss an Ihre Theorien missachtet und verlacht. Sie können es sich denken, dass es in meinem Leben eine Zeit gegeben hat, wo mir diese Verachtung, deren ganze Schwere mich, den Erben unserer nationalen Musik, vor allem traf, nicht gleichgültig gewesen ist. Aber nun bin ich alt genug geworden, über Fragen eines absoluten Kunstwerkes, des Ruhmes und Nachruhms sowie der sogenannten Unsterblichkeit recht heiter zu denken, gewiss nicht anders als Sie, Maestro Richard Wagner! Sehr lange versteht der Mensch weder seinen Körper noch sein Gemüt. Endlich aber kommen wir darauf, welche Speisen uns unzuträglich sind, welche Illusionen wir nicht verdauen können. Ich zum Beispiel habe nach einigen schmerzhaften Versuchen die Illusion verloren, noch

einmal von vorne anfangen zu können und eine neue, unabhängige, meiner eigenen Vergangenheit gemäße Form zu erschaffen. Mir bleibt nichts mehr als die letzte Neige des Lebens. – Ich bin zwar kein Kenner Ihres Werkes. Aber die Stimme der Welt, die Stimme der besten Freunde bestätigt es, dass dieses Werk in der Geschichte der Kunst nicht seinesgleichen hat. Rotbäckig und mit jugendlichen Augen sitzen Sie mir gegenüber. Noch viele Siege warten Ihrer. Glauben Sie meinem aufrichtigen Wort! Es lebt kein Mensch, der Ihnen aus vollerem Herzen Glück wünscht. Ich selbst fühle es wie ein Wunder, dass ich jetzt ohne alle Prätentionen leben darf. Und so genieße ich, dankbar wie ein junger Mensch, diese Stunde, die ich bei Ihnen bin …‹ «

Ja, und dann kommt – in Werfels Roman – der nun so gefasste und heitere, endlich entschlossene Verdi just in dem Augenblick in seiner Gondel zum Palazzo Vendramin, als ein ungeheurer Tumult davon kündet, dass Wagner vor einer Viertelstunde gestorben ist.

Und es ist nicht wirklich vorstellbar, dass die beiden einander so begegnet wären, wie es Werfel ausmalt, Vorrecht des Dichters ... Die Rivalität saß tief und war über alles Künstlerische hinaus auch eine Rivalität der Nationen, es ging immer auch um »die« italienische oder »die« deutsche Kunst. Dazu haben beide Künstler, die sich nicht nur im Roman, sondern auch in der Wirklichkeit nie begegnet sind, tüchtig beigetragen. Wagner erwähnte Verdi nie, sprach immer nur abfällig von *Donizetti & Co.*, wenn von der italienischen Musik die Rede war, deren Koloraturen er hasste, und Verdi schrieb, nachdem er im November 1871 den *Lohengrin* gehört hatte:

> *»Diese Musik ist in deutscher Umgebung gut. Bei uns nicht. Aber in Deutschland geht sie immer. Kaum öffnet sich der Vorhang, erlöschen die Lichter, und man befindet sich im Dunkeln wie die Wachteln. In dieser Finsternis, in dieser verbrauchten Luft sitzt man in der gleichen geistigen Lähmung, in der die Musik dahinschreitet.«*

Von dieser ersten Wagner-Aufführung 1871 im *Teatro Comunale* in Bologna ist ein wunderbares Dokument erhalten: Verdi saß in einer Loge, den italienischen Klavierauszug von *Lohengrin* auf den Knien. Auf den Rand dieses Klavierauszuges machte er insgesamt mehr als einhundert Bemerkungen mit einem Bleistift, zum Beispiel:

Linke Seite:
Verdi zur Zeit des Trovatore und der Traviata.

> »*Vorspiel: 1. Takt zu laut; Takt 16 unverständlich; am Ende schön, ermüdet aber durch die ständige hohe Lage der Violinen. 1. Akt: Telramunds Anklage, schlecht gemacht; Heerrufer: schlimm; Chor: ›Ohn' Antwort ist der Ruf verhallt‹: man langweilt sich; Lohengrins Ankunft: hässlich der Schwan; Final-Ensemble: ein schauderhaftes Gebrummel; 2. Akt: Ortrud: ›So lehr' ich dich der Rache süße Wonnen‹ bis hierher alles schlecht, man versteht überhaupt nichts; kalt … leer … Orgel-Missbrauch … sehr langweilig, weil bühnenwidrig … große Hudelei. 3. Akt: Vorspiel gut gebracht; ›Atmest du nicht mit mir‹: Oh! Oh! Mühsame Allerweltsphrasen … lang und öde, Instrumentation zu hartnäckig die gleiche.*«

Und schließlich seine Zusammenfassung:

> »*Eindruck mittelmäßig. Musik dann schön, wenn sie klar ist und dabei auch etwas zu sagen hat. Die Handlung kommt nur langsam voran, ebenso der Text. Daher Langeweile. Schöne Instrumentaleffekte. Missbrauch gehaltener Noten, wirkt schwerfällig. Wiedergabe mittelmäßig. Viel Verve, aber ohne Poesie und Feingefühl. An den schwierigen Stellen immer schlecht.*«

Als im Deutsch-Französischen Krieg von 1870/71 Frankreich nach der Schlacht von Sedan kapitulierte, schrieb Verdi an Clara Maffei:

> »*Diese Katastrophe Frankreichs bringt auch mich so gut wie Sie zur Verzweiflung! Ja, die blague, die Unverschämtheit, die Anmaßung der Franzosen war und ist (trotz all ihrem Unglück) unerträglich; aber schließlich hat Frankreich der modernen Welt ihre Freiheit und Zivilisation gegeben. Und wenn es fällt, fällt auch unsere Zivilisation. Mögen unsere Literaten und die Politiker das wissen, die die Bildung und sogar (Gott verzeihe es ihnen) die Kunst jenes Siegervolkes rühmen; wenn sie aber ein wenig mehr ins Innere gehen wollten, würden sie merken, dass in seinen Adern immer noch das alte Gotenblut fließt, dass sie maßlos stolz, hart, unduldsam, grenzenlos gierig sind und alles Nichtgermanische verachten. Es sind Verstandesmenschen ohne Herz; es ist ein kräftiges Volk, aber es hat keinen Schliff.*«

Er spricht von uns, den Deutschen. Und wie grausam sollte er, denken wir nur sechzig Jahre weiter, recht behalten mit dem stolzen Gotenblut, das Nichtgermanisches verachtet …

Der großartige, leider fast vergessene Komponist Hans Gál hat Aufsätze sowohl über Wagner als auch über Verdi geschrieben und die Auseinandersetzung der beiden mit der Kunstform Oper in den 1970er Jahren so zusammengefasst:

>*»Die Oper war eine Unterhaltungsware geworden, ein oft allzu triviales Vergnügen. Dagegen protestierte Wagner. Aber was er an ihre Stelle setzen wollte, ein Kunst-Gottesdienst des Volks, war ein Phantom. Verdis Tat bestand darin, aus den nun einmal vorhandenen Bedingungen das Beste, künstlerisch Vollendetste zu ziehen. Der eine schrieb für ein imaginäres, der andere für ein reales Publikum.«*

Auch Wagner hat längst ein reales Publikum erreicht, das das Großartige an seinem Musiktheater staunend begreift. Und trotzdem hat Gál in einem recht: Verdis sogenannte »*italianità*«, das Südländische in ihm und seiner Musik, wird ihn für immer von uns und unseren Komponisten unterscheiden und ihn den Weg zu unseren Gefühlen ganz direkt finden lassen.

Verdi tobte vor Zorn, als man ihm Wagneranklänge in seiner *Aida* vorwarf. »*Was seid ihr nur für alte Zöpfe!*«, schrieb er 1872 aus Parma an Cesare De Sanctis.

> *»Was erzählt ihr mir von Melodie und Harmonik!! Von Wagner schon überhaupt nicht!! Im Gegenteil, wollte man genau hinhören und verstehen, man fände das Gegenteil vor, … das Gegenteil.«*

Verdi und Wagner, im selben Jahr geboren, zeitgleich große Komponisten in ihren Ländern, wurden immer wieder miteinander verglichen. Verdi blieb stets ein zutiefst italienischer Komponist, »*bis ins Mark hinein*«, schrieb der Kritiker Amintore Galli anlässlich des *Otello* 1887.

> *»Verdi stellt das Drama auf die Bühne und beleuchtet es mit dem Orchester, damit die Figuren noch klarer werden; die neuere Schule vergisst hingegen die Bühne, um Drama und Musik aus dem Orchestergraben zusammenzuziehen.«*

Dazu hat Richard Wagner aber etwas Böses beigesteuert, nämlich, dass in den Händen des »*italienischen Opernkomponisten das Orchester nichts anderes als eine monströse Guitarre zum Akkompagnement der Arie*« sei.

Der Streit brachte eine Fülle von Karikaturen hervor, zum Beispiel sehen wir Verdi mit der typisch Wagner'schen Mütze auf dem Kopf einen Leierkasten drehen (immer warf man ihm die Sangbarkeit seiner Arien als »Leierkastenmusik« vor), zu seinen Füßen Lohengrins Schwan, im Hintergrund krähen Desdemona und Otello.

Beide Komponisten, erläutern Anselm Gerhard und Uwe Schweikert in ihrem großen Verdi-Handbuch, werden bis heute »*fast zwanghaft in einen direkten Zusammenhang*« gebracht und »*von den Zeitgenossen als extreme Beispiele der ästhetischen Spannweite des aktuellen Musiktheaters wahrgenommen*«. Und wir Opernbegeisterten sind froh, beide zu haben.

Rechte Seite:
Wieder eine der reich verzierten Arkaden in der alten Universitätsstadt Bologna.

Folgende Doppelseiten:
Im Foyer der Oper von Bologna spielt sich ein junger Geiger ein.

Bühnenbild und Zuschauerraum in der Oper von Bologna.

Besucher vor der neuen Oper in Florenz, dem *Teatro Comunale*.

Auf unseren vielen Reisen kreuz und quer durch Italien und zu allen nur möglichen Opernhäusern habe ich immer wieder in kleinsten, einfachsten Läden oder Trödel-Antiquariaten die schönsten Verdi-Devotionalien gefunden: alte Programmhefte, Libretti in den Erstausgaben von Ricordi, verschludert, zerrissen, zerlesen, für wenig Geld, mit Kommentaren an den Rändern. Ich habe alte Klavierauszüge und Partituren gekauft und immer auch die Nebenverwertungen des *maestro* – es gibt Verdi auf Fächern und Münzen, auf Glaskugeln, die jetzt meine Briefe beschweren, natürlich auch auf Briefmarken und auf zahllosen Fotos, Postkarten, Stichen, Radierungen. Ich könnte allmählich ein Museum eröffnen, dieses Buch gibt einen kleinen Einblick in die oft rührenden Schätze. (Den Schokoladenkuchen Marke Otello aus Busseto habe ich allerdings aufgegessen; jedes Stück zierte Verdis Porträt, mit einer Schablone aus Puderzucker hingestreut.) Und natürlich ist eine kleine weiße Verdi-Büste kitschig, aber sie steht bei mir neben den Büsten von Dylan Thomas, Robert Burns, Marc Aurel und Schiller auf

meiner Fensterbank, und wenn das Leben ungemütlich mit mir umspringt, guck ich da mal kurz hin und denke: durchhalten, die konnten es auch. Ein bisschen Kitsch kann glücklich machen!

In Bologna fand ich in einem uralten Schreibwaren- und Postkartenladen die Opern Verdis und Wagners auf Bildchen der Liebigs-Fleischextrakt-Serien. Sie haben es also bis in die Niederungen der Volkskultur dann doch alle beide geschafft. Die Sammelbilder, die der Unternehmer Justus Liebig seiner herrlichen Erfindung des Fleischextraktes (gute heiße Suppe für alle!) beilegte, um nicht nur den Brühwürfel, sondern auch die Kultur unters Volk zu bringen, entstanden zwischen 1872 und 1940 in insgesamt mehr als tausend Serien mit je sechs Bildchen. Wenn Sie heute im Internet dieses Thema anklicken, kommt als Erstes ein Bild von Giuseppe Verdi vor seinem Geburtshaus in Le Roncole.

Folgende Doppelseiten:
Blick auf den Dom und die Dächer von Florenz, von einer Hotelterrasse aus gesehen.

An den Ufern des Arno in Florenz.

Oben:
Starker Andrang vor der Oper in Florenz, einem viel besuchten Opernhaus mit sehr jungem Publikum.

Rechte Seite:
Erinnerungstafel zu Verdis Tod über dem Eingang zum *Teatro Pergola*, dem alten Opernhaus in Florenz.

Fünfzig Jahre lang schrieb Verdi Tragödien, und dann mit über achtzig plötzlich eine Komödie, den *Falstaff*. Aber *Falstaff* ist nicht wirklich eine Komödie, sondern eine tragische *opera buffa*, eine grausame Geschichte voller Spott und Niedertracht. »*Tutti gabbati*«, lauter Gefoppte! Glück: ein auf Erden unerreichbarer Ort. »*Tutto nel mondo è burla*«, alles ist Spaß auf Erden, das war Verdis letzte Zeile in dieser seiner letzten Oper, und er gab ihr die strenge (deutsche!) Form der Bach'schen Fuge. Wie wunderbar sich der Kreis da doch wieder schließt ... All das ist Teil von Verdis Latinität, zu ihr gehören klares Denken, Stolz und ein Sinn für das Komische.

Wir sahen den *Falstaff* in Florenz, im *Teatro Comunale*. In der Loge saß die dänische Königin Margarete. Das Theater ist riesig wie ein XXL-Kino, oval, kein Gold, kein Marmor, keine Engel, keine Lüster, keine netten Logenlämpchen. Die neue massentaugliche Nüchternheit. Einzige Konzession: Die Sitze sind wie Kinosessel mit rotem Samt bezogen, und die Bühne weist einen dunkelroten Samtvorhang auf. Zubin Mehta hat dirigiert, der Mann, der gesagt hat: »*Ohne Verdi kann man nicht aufwachsen!*« und der uns Europäern in einem Interview mit Oswald Beaujean 2001 ins Stammbuch schreibt:

»*Die Oper ist eure Musik, sie bewahrt eure archaischen Kräfte. Ohne die Oper würdet ihr alle Amerikaner.*«

An diesem Abend in Florenz gibt es Standing Ovations für beide, den Komponisten und den Dirigenten, sogar die Königin steht dafür auf.

Florenz hat noch ein zweites Opernhaus, das alte *Teatro Pergola*, Italiens ältestes noch erhaltenes Opernhaus, 1656 wurde hier schon Monteverdi gespielt. Eine efeuumrankte Inschrift über dem Eingang beklagt Verdis Tod am 27. Januar 1901, ganz Italien trauert mit uns, steht dort. Hier hat Verdi 1847 seinen *Macbeth* inszeniert. Ihm war an der Bühnentauglichkeit seiner Stücke immer sehr gelegen, und

Folgende Doppelseite:
Piazza Santa Croce in Florenz.

es gab damals noch keine Regisseure, also besorgte er das Inszenieren oft selbst. Er hat auch immer wieder von sich gesagt, er sei in erster Linie kein Musiker, sondern ein Theatermann. Er hat darauf geachtet, wie die Bühne aussah, dass die Sänger nicht nur sangen, sondern spielten, und er hat den Sängern sogar zugemutet, nicht immer nur Belcanto abzuliefern, sondern auch schrill und hässlich singen zu können – passend zu dem Charakter, den sie darstellten. Für damalige Sänger (und auch für das Publikum!) war das natürlich eine Zumutung.

In Bologna hatten wir kein Glück: In der Oper lief nichts. Wir wollen sie aber wenigstens sehen, auch von innen. Außen macht das *Teatro Comunale*, die Oper im Universitätsviertel von Bologna, einen heruntergekommenen und renovierungsbedürftigen Eindruck.

Man lässt uns nicht hinein, da sei gerade eine geschlossene Veranstaltung. Glaubwürdig versichern wir dem Herrn am Einlass, dass wir genau zu dieser Veranstaltung müssen und uns leider verspätet haben. Drin sind wir, Tom schleicht im Haus herum und fotografiert, ich sitze auf einem Stuhl unter etwa fünfzig zumeist älteren Herrschaften. Vorn ein Flügel, und versunken daran ein kleiner Mann, der, als er plötzlich aufspringt und mit den Armen fuchtelt, an eine Mischung aus Groucho Marx und Woody Allen erinnert. Er sprudelt Erklärungen hervor, die ich erst nach einiger Zeit verstehe: Es geht um eine Geschichte, in der jemand respektlos mit einer Prinzessin spricht: »*Una principessa! Una principessa!*« Der Mann stürzt sich verzweifelt wieder an den Flügel und spielt ein Motiv, schaut hoch und flüstert: »*E adesso: ah! I flauti!*« Er deutet Flöten an. Dann steht er wieder auf und erzählt traurig: »Und dann soll das Volk den König als Gott verehren, man stelle sich vor! *Babilonesi, ascoltate i detti miei ... v'è sol Nume ... il vostro Re!*«, und er spielt herzzerreißende Melodien auf dem Flügel.

Endlich verstehe ich, worum es hier geht. Der aufgeregte kleine Herr stellt den interessierten Abonnenten den Inhalt und die wichtigsten musikalischen Motive der Oper *Nabucco* vor, die in drei Tagen Premiere haben wird. Am Ende fordert er uns auf, uns zu erheben. Wir tun es, er spielt »*Va, pensiero*«, »*Flieg, Gedanke*«, und wer kann, singt mit. Auch ich, glücklich über so viel italienische Opernbegeisterung.

Parma, Mai 2006. Nicht nur die Stadt des weltberühmten Schinkens und des Parmiggiano, des Parmesan, sondern das Mekka aller Verdi-Forscher und Fans. Hier wurde auch 1867 Arturo Toscanini geboren, der als junger Mann in Verdis Orchester Cello spielte und der 1901 auf seiner Beerdigung in Mailand den Chor dirigierte, der »*Va, pensiero*« sang.

Vorhergehende Doppelseite:
Szenenbild des 2. Akts, 11. Szene von *Falstaff* beim Glyndebourne Festival in Südengland (undatiertes Foto).

Linke Seite:
Eingang der Oper *Teatro Regio* in Parma.

Unten:
Edle Stoffe in satten Rottönen werden in einem Geschäft in Parma angeboten. Kostümstoff für eine neue Operninszenierung?

Inneneindrücke der Oper in Parma.

Rechte Seite:
Enrico Caruso als Herzog in der Oper *Rigoletto* (undatiertes Foto).

Folgende Doppelseite:
Abendstimmung beim Verdi-Festival in Parma.

In Parma sind Verdi-Festspiele, man gibt im 1813 erbauten ockerfarbenen *Teatro Regio* den Troubadour, *Il Trovatore*, diese krause Geschichte von Zigeunerliebe und -rache, Verdis achtzehnte von insgesamt achtundzwanzig Opern, rechnet man zwei Bearbeitungen alter Opern mit. Achtzehn Opern von 1839 bis 1851, also in nur zwölf Jahren! Meist schrieb er an mehreren gleichzeitig und zankte sich mit den Librettisten herum.

Il Trovatore geht auf ein spanisches Theaterstück von García Gutiérrez zurück, und Salvatore Cammarano schrieb danach das Libretto für Verdis Oper. Er war ein versierter Librettist, hatte schon unter anderem für Donizetti das Libretto zu *Lucia di Lammermoor* und für Verdi die Textbücher zu *La battaglia di Legnano*, *Alzira* und *Luisa Miller* geschrieben. Und nun *Il Trovatore* ... Gerade diese Oper ist selbst für unerschütterliche Fans wie mich nur schwer verdaulich, der Inhalt ist wirr, krude, völlig bizarr und irgendwie kaum erträglich. Keine Verdi-Oper ist mehr verspottet und parodiert worden als diese. Caruso soll mal gesagt haben, es sei ganz leicht, *Il Trovatore* auf die Bühne zu bringen: Man brauche nur die vier besten Sänger der Welt.

Der unerbittliche österreichische Musikkritiker Eduard Hanslick schrieb maliziös über den Inhalt des *Trovatore*:

»*Aus der Naturgeschichte ist es zwar bekannt, dass die Zigeuner mit einer unauslöschlichen Neigung behaftet sind, kleine Kinder mit Muttermalen zu stehlen, an denen sie dann meistens im fünften Akt von vornehmen Eltern wiedererkannt und requirirt werden. Der Trovatore bringt dies aber viel komplizierter und unverständlicher.*«

Joseph Wechsberg schreibt in seiner Verdi-Biografie erfrischend unverblümt:

»Die meisten Menschen mögen die Oper, auch wenn sie keine Ahnung haben, was vorgeht.«

Schon bei der Stoffauswahl gerieten sich Komponist und Librettist fast in die Haare, Verdi schrieb an Cammarano:

*»Sie sagen mir kein Wort darüber, ob Ihnen das Drama gefällt oder nicht. Ich habe es vorgeschlagen, weil es starke szenische Momente zu besitzen scheint und vor allem, weil ich es für sehr originell halte.
Wenn Sie diese Meinung nicht teilten, warum haben Sie mir keinen anderen Stoff geraten? Bei diesen Dingen ist es doch notwendig, dass Dichter und Musiker übereinstimmen!«*

Beide, Librettist und Komponist, taten sich schwer mit diesem Stoff, viele mäkelnde Briefe hin und her belegen, wie schwer und zäh diese Arbeit war. Verdi war damals achtunddreißig Jahre alt, Cammarano zwölf Jahre älter und schwer krank. Und tatsächlich starb er während der Arbeit an dieser Oper im Juli 1852. Obwohl das Libretto noch längst nicht fertig abgeliefert war, hat Verdi ihn großzügig voll bezahlt, um die Witwe und ihre sechs Kinder zu unterstützen, musste sich aber für die Fertigstellung einen anderen Librettisten suchen, und das war Leone Emanuele Bardare. Der machte sich ans Werk, doch es blieb wirr, und in einem meiner alten Libretti heißt es im Vorwort von Heinrich Kralik:

»Unter den Operntexten, die sich durch Dunkelheit, Unlogik und wilde Schauerromantik auszeichnen, nimmt der Troubadour unstreitig einen Ehrenplatz ein.«

Rechte Seite:
Zeitgenössischer Stich des Librettisten Francesco Maria Piave, der zu vielen Verdi-Opern den Text geschrieben hat.

Unten:
In den Straßen von Parma.

Temistocle Solera, der Librettist des *Nabucco*, verstieg sich zu der Aussage:

»Verdi ist ein großer Komponist, aber schwach wie eine Frau, wenn er Libretti von diesem Esel Piave oder diesem Wirrkopf Cammarano akzeptiert, der dafür, dass er Il Trovatore geschrieben hat, eine lebenslängliche Galeerenstrafe verdient ...«

Aber endlich mal hatte auch die allgegenwärtige Zensur nichts auszusetzen – hier ging es nicht um gekrönte Häupter, die sich schlecht benahmen oder gemeuchelt wurden, kein Volk wurde zum Aufstand angestachelt, nein, Zigeuner singen nächtliche Lieder,

Francesco Maria Piave (1810–1876)
Zeitgenössischer Stich

Links:
Die *Ponte Verdi* in Parma.

Rechts:
Teilansicht des Verdi-Denkmals vor dem Palazzo della Pilotta in Parma.

Nonnen stimmen inbrünstige Chöre an, Ritter schleichen durch dunkle Parks, Mütter rächen sich, Kinder werden geraubt und/oder verwechselt, Damen in Verliesen misshandelt, kein Mensch weiß, was eigentlich los ist: Graf Luna liebt Leonore, die liebt Manrico, der ist Sohn der Zigeunerin Azucena, aber eigentlich eben doch nicht, eigentlich ist er Lunas Bruder, ach, und irgendwie geht es unentwegt um Rache, Männerehre, was immer das sein mag, und am Ende siegt natürlich wenigstens im Tod noch die Liebe – aber die Musik ist wuchtig und mitreißend. In meinem alten Libretto heißt es:

> *»Es ist im Grunde auch gar nicht notwendig, sich über die Handlung des Troubadour klar zu werden; es genügt, wenn man die Fülle ungemeiner Musikfähigkeit erfasst, die hinter dem blühenden und wuchernden Unsinn steckt; die Situationen, Stimmungen, Menschen, Charaktere; die großen Kontraste auf dem romantischen Untergrund; das grell Beleuchtete und das im Helldunkel Verschwindende. Verdi, der seine Opernbücher sehr genau zu prüfen pflegte, hat das, und zwar nur das gesehen. Er hat die menschlichen Typen komponiert, die sich hier mit leuchtenden Konturen vom dunklen Hintergrund einer mehr geahnten als ausgeführten Handlung abhoben; er hat auch das romantische Milieu komponiert, wie es sich ihm hier in fantastischer Vielfältigkeit darbot. Seine Musik ist manchmal derb, brutal oder gar geschmacklos; dann wieder edel, zart, verträumt und von äußerster Feinheit des Ausdrucks; immer aber ist sie inspiriert, echt, naturhaft; immer lebt sie mit ihren Geschöpfen auf der Szene; immer bekennt sie sich rückhaltlos zu ihnen. Sie macht den Unsinn sinnvoll, zaubert aus Dunklem und Verschwommenem plastische Gegenständlichkeit.«*

Sie kommt, man spürt das, direkt aus diesem italienischen Volk, das sind seine Melodien, das ist hier in diesem Land und unter diesem Himmel gewachsen – wie hätte ich denn, klagte Verdi einmal, unter italienischem Himmel einen *Tristan* schreiben können!

Nach der Uraufführung des *Trovatore* schrieb Verdi an Clara Maffei:

»Man sagt, diese Oper sei zu traurig und es gäbe darin zu viele Tote. Aber ist schließlich im Leben nicht alles tot? Was lebt und bleibt denn wirklich, was ist von Dauer …?«

Das Opernpublikum von Parma gilt als das erfahrenste und leidenschaftlichste von ganz Italien. Die Buhrufe der *fucili*, der Schusswaffen, sind gefürchtet, und so warte ich gespannt, was passieren wird. Denn am Abend unserer Aufführung von *Il Trovatore* ist die Leonora nicht in Bestform. (Übrigens heißen viele Frauen in vielen Opern Leonora – vielleicht lässt sich dieser Name besonders gut singen?) Und tatsächlich, unserer Leonora donnern am Ende die Buhs nur so um die Ohren. Sie begreift sofort, dass sie hier versagt hat, kniet auf der Bühne vor dem Publikum nieder, die Hand auf dem Herzen, und rettet sich so hinüber zu einem sanften Applaus.

Eine Anekdote fällt mir ein: Wenige Monate nach der Uraufführung des *Otello* 1887 in Mailand wurde diese Oper in Parma gespielt. Als zweiter Cellist saß der junge Arturo Toscanini im Orchester, und er soll nach der Vorstellung zu seiner alten Mutter nach Hause gelaufen sein und sie mit den Worten aus dem Bett geholt haben: *»Knie dich nieder, Mama, und sag Viva Verdi!«*

In Parma gibt es in der Nähe der Oper ein Verdi-Denkmal mit wahrhaft monumentalen Ausmaßen. Es ist unbeschreiblich scheußlich. Da sitzt der bis zur Unkenntlichkeit verzerrte Maestro wie ein römischer Konsul in einer Art Toga, das Gesicht gramzerfurcht, die Haare wild, und um ihn herum nackte und halbnackte Gestalten, deren tieferer Sinn sich dem Betrachter nicht erschließen mag. Sind es Figuren aus seinen Opern? Erstehen hier die Geister all der zerquälten Leonoren wieder auf und flüstern: *»Warum gerade ich?«* So treibt die Verdi-Verehrung auch kuriose Blüten monströser Hässlichkeit.

Links:
Schwarze Schweine, die in der Poebene um Parma gezüchtet werden …

Rechts:
… und der *culatello di zibello*, der Schinken, den diese Schweine liefern.

Folgende Doppelseite:
Der Battistero neben dem Dom von Parma hat acht Ecken und rundum alle Sternzeichen als Verzierungen auf den Seitenflächen.

Nirgends in Italien ist Verdi so präsent wie in Parma, er gilt hier nach Parmesan und Parmaschinken als der dritte und wichtigste uritalienische Markenartikel. Hier liegen auch im Verdi-Institut die meisten erhaltenen Handschriften des Komponisten.

Der in Italien lebende Journalist Dirk Schümer schreibt:

> *»Als Verdi persönlich 1887 seinen frischen ›Otello‹ nach Parma brachte, warben mit dem Maestro die stolzen örtlichen Käseproduzenten, Unkrautvernichter, Stromerzeuger. Fahrradrennen und Taubenschießen in Otellos Namen gab es auch.«*

Daher wohl kommt es, dass wir auch heute noch so viele Dinge finden, die mit Verdi zu tun haben – vom Shampoo über die Pizza bis zu Fächern, Kuchen, Glaskugeln. Er ist ein Wirtschaftsfaktor, er ist präsent, auch mehr als hundert Jahre nach seinem Tod noch. Aber so viel auch über ihn und sein Werk geschrieben wurde – richtig aufgearbeitet ist noch immer nicht alles, als nähme man ihn, den Schöpfer so singbarer Melodien, nicht wirklich ernst. Und es scheint, als hätte Verdi selbst unter seiner Popularität gelitten, als wäre es ihm gar nicht recht gewesen, seinen Melodien überall zu begegnen.

Außer der Musik gibt es in der Oper aber auch noch die Geschichte, die das Libretto erzählt. Wer kennt heute noch die Namen berühmter Librettisten –

Giuseppe Verdi und Arrigo Boito, sein letzter und bester Librettist.

außer vielleicht Da Ponte, der die wichtigsten Mozartopern schrieb? Die Oper gilt als das Werk des Komponisten, und die Vorlagen der Textschreiber, der Librettisten, wurden verändert und bearbeitet wie heute Drehbücher in Hollywood. Viele Komponisten beanspruchen – lange vor Wagner – eine Mitautorenschaft am Libretto. Und auch Verdis *Don Carlos* ist nicht von Schiller, nicht von Eugène Cormon, Joseph Méry oder Camille du Locle, die alle ihren Teil dazu beigetragen haben, die Oper ist von – Giuseppe Verdi, natürlich. Piave hat neun Libretti für Verdi geschrieben, kennen wir ihn heute noch? Solera – es ist nicht sein *Nabucco*, es ist der von Verdi. Die Texte der Librettisten sind einerseits so wichtig für den Komponisten als Grundlage für die Musik, aber letztlich waren die Librettisten die besseren Handlanger der Komponisten. Verdi hat sich zeitlebens mit ihnen herumgezankt und über sie geärgert. Aber er hat doch auch dafür gesorgt, dass ihre Urheberrechte gewahrt wurden, ihre Namen auf den Plakaten standen und dass sie besser bezahlt wurden.

Am besten klappte die Zusammenarbeit, fast schon am Ende seines langen Lebens, mit Arrigo Boito, mit dem ihn auch eine tiefe Freundschaft verband. Die Briefe zwischen Verdi und Boito sind größtenteils erhalten und stellen ein inte-

Oben:
In der Oper in Parma.

ressantes Zeugnis dieses Glücksfalls für das Musiktheater dar. Boito war selbst auch Komponist, aber obwohl seine Oper *Mefistofele* durchaus erfolgreich war und noch heute gespielt wird, ist sein Name vor allem als Verdis Librettist geblieben. Er muss ein hochgebildeter Intellektueller gewesen sein, Verdi selbst war ja eher Autodidakt. Er spürte, welche Stoffe sich für Opern eigneten – aber Boito konnte geschliffene Texte daraus machen. Nach Verdis Tod schrieb er an den französischen Musikschriftsteller Camille Bellaigue:

»Mein lieber Freund, ich habe im Leben sehr verehrte Menschen verloren; der Schmerz überdauerte den Verlust, aber niemals hat mich ein Gefühl des Hasses gegen den Tod und der Verachtung gegenüber seiner mysteriösen, blinden, dummen, siegreichen und feigen Macht überkommen. Erst der Tod dieses Neunzigjährigen konnte diesen Eindruck in mir erwecken. […] Die servitude volontaire an diesem wahren, edelsten und wirklich großen Mann freut mich mehr als jede andere Tätigkeit in meinem Leben.«

Zu Tausenden zählen die Briefe Verdis an – und über – seine Librettisten. Bei der Arbeit an *Nabucco* hat er den unglücklichen Solera eingesperrt, um eine Szene von ihm zu erzwingen, und das, obwohl Solera ein großer, starker und jähzorniger Kerl war. Aber es klappte – er schrieb innerhalb von nur einer Viertelstunde die berühmte Prophezeiung des Zaccaria.

An seinen Freund De Sanctis schrieb Verdi einmal:

»Ich wünsche mir nichts sehnlicher als ein wirklich gutes Libretto und somit einen guten Textdichter! An solchen fehlt es tatsächlich! Ich schäme mich nicht zu gestehen, dass ich die Libretti nur ungern lese, die man mir zuschickt. Es scheint ausgeschlossen, dass ein anderer meine Wünsche errät oder gar erfüllt: ich will neue, große, schöne, kühne Ideen! Kühn bis zum Äußersten, dazu neue Formen und trotzdem für Musik geeignet …«

Bis heute fehlt es der Oper daran, und mehr und mehr verstehen und bewundern wir Wagner, der sich dann eben seine Opern lieber gleich komplett selbst schrieb.

Aber: Die Uraufführung von *Il Trovatore* im Januar 1853 in Rom war ein riesiger Erfolg, und auch unsere Aufführung in Parma während des Verdi-Festivals im Mai 2006 mit Marcelo Álvarez als Manrico war ein Abend mit donnerndem Applaus.

Neben mir saß ein Mann, der immer leise mitsummte. Beim ersten Mal sah ich ihn noch streng und tadelnd an, aber er lächelte so gewinnend zurück, dass ich den

wahren Liebenden erkannte und ihn summen ließ. In der Pause erzählte er mir, dass er Spanier und Rentner mit ausreichend Geld sei, und er benütze Zeit und Geld dafür, um in der ganzen Welt den Verdi-Festivals und Premieren von Verdi-Opern hinterherzureisen. Verdi, sagte er, sei sein Ein und Alles, und ob ich als Deutsche etwa Wagner mehr liebe als Verdi? Ich konnte ihn beruhigen, und nach der Pause summten wir dann beide und er teilte seine Pfefferminzbonbons mit mir. Der Spanier und ich, wir sind davon überzeugt, dass im Himmel Bach neben Gott sitzt, und wenn sie zusammen Verdi hören, sagt Bach schon mal: »*Herr, das hast du wirklich gut gemacht!*« und dann antwortet Gott ein wenig eitel: »*Nicht wahr?*«

Vorhergehende Doppelseite:
Blick auf die Bucht von Genua. Hier verbrachte Verdi oft die Wintermonate.

Linke Seite:
Das Opernhaus in Genua. Auch hier wurden und werden Opern von Verdi aufgeführt.

Oben:
Blick durch die Säulen am Genueser Opernhaus.

Oper und Literatur – das gehört von Anbeginn an zusammen. Die Sage erzählt: Orpheus, der antike Sänger, holte seine tote Liebste Eurydike aus der Unterwelt zurück, nur durch die Macht seiner Musik. Er verlor sie dann doch wieder, weil er sich unsicher und neugierig umdrehte. Dies war der Stoff für eine der ersten Opern. In Richard Wagners erster Oper, *Die Feen*, singt König Arindal gegen die Versteinerung seiner geliebten Ada an und siegt. Jeder Oper liegt eine Geschichte zugrunde, und nicht jede dieser Geschichten ist wirklich gut zu Ende gedacht, gut geschrieben, gut umgesetzt. Der arme Schubert, immer wieder ist er an der Oper gescheitert, ja, auch musikalisch, aber *Sakontala*, *Rosamunde* – was für schaurige Libretti waren das! Und Richard Strauss dagegen – welches Glück hatte er mit seinem Librettisten Hugo von Hofmannsthal beim *Rosenkavalier* und der *Frau ohne Schatten*, aber wie viele lange Jahre Streit und Arbeit hat das alles auch gekostet!

Giuseppe Verdi hat achtundzwanzig Opern geschrieben, wenn man die Verwandlung von *I Lombardi alla prima crociata* vier Jahre später in *Jérusalem* und die von *Stiffelio* sieben Jahre später in *Aroldo* mitrechnet. Vier dieser eigentlich also sechsundzwanzig Opern greifen Stoffe von Friedrich Schiller auf:

I Masnadieri nach Schillers *Die Räuber*, *Luisa Miller* nach *Kabale und Liebe*, *Don Carlos* und *Giovanna d'Arco* die Geschichte der *Jungfrau von Orleans*.

Alle Dramen, die Friedrich Schiller geschrieben hat, sogar die Fragmente wurden vertont – offenbar spürten die Komponisten sofort, wie musikalisch, wie rhythmisch, wie bühnentauglich dramatisch dieser großartige Schriftsteller schrieb.

Allein auf italienischen Bühnen wurden zwischen 1813 und 1876 fast zwanzig Opern nach Dramen Schillers auf die Bühnen gebracht – zum Beispiel schrieb Donizetti eine hinreißende *Maria Stuarda*, Rossini seinen *Guillaume Tell* – und das hing nicht nur mit der Musikalität der Sprache und der dramatischen Wucht

der Stoffe zusammen, sondern mit Schillers politischer Haltung, seinem Kampf gegen Fürstenwillkür und für Gedankenfreiheit (*»Sire! Geben Sie Gedankenfreiheit!«* fordert in *Don Carlos* der Marquis von Posa den Unterdrücker Philipp II. auf). Italien war zu der Zeit politisch völlig zersplittert, besetzt von Habsburgern und Franzosen, mit Unfreiheit und Zensur konfrontiert, und da trafen diese Stoffe den Nerv der Zeit.

Patriotismus, antiklerikales Denken, das moralische Defizit der Mächtigen, die Sehnsucht des Volkes nach Einigung – das waren auch Verdis Themen für seine Opern. Immer gab es dazu eine grundlegende Idee, zusammengehalten durch die Musik.

Vorherige Doppelseite:
In den Straßen von Genua, in der Nähe des Opernhauses.

Unten:
Restaurant des Hotels I Due Foscari in Busseto, direkt neben dem *Teatro Verdi* gelegen; es heißt so nach einer Verdi-Oper.

Verdi war in dieser Zeit eines besetzten, zerrissenen und unterdrückten Italien ein großer, feuriger Patriot und hatte oft genug mit der Zensur zu kämpfen, weil man das in seinen Opern spüren konnte. Nicht umsonst wurde sein Chor der Unterdrückten aus *Nabucco*, *»Va, pensiero …«,* zu einer Art Nationalhymne der Italiener, nicht umsonst schrieben sie, denen die Forderung nach ihrem eigenen König verboten war, auf die Hauswände ein unverdächtiges *Viva Verdi!,* von dem er und alle wussten, dass es eigentlich die Abkürzung für etwas anderes war, für *Viva Vittorio Emanuele R'e d'Italia*, es lebe Vittorio Emanuele, der König von Ita-

lien! Wir wissen, dass Verdi sogar für kurze Zeit Abgeordneter im italienischen Parlament war, 1859, für die Provinz Parma. Er war Ehrenbürger von Turin und Rom und Ehrenbürger von Genua, wo er von 1866 bis 1874 einen zweiten Wohnsitz unterhielt.

Fast alle Opern von Giuseppe Verdi haben große literarische Vorlagen, von Alexandre Dumas (aus seiner *La Dame aux camélias* wurde die *Traviata*) über Victor Hugo (aus *Le roi s'amuse* wurde *Rigoletto*, und aus *Hernani ou L'Honneur castillan* wurde *Ernani*), Lord Byron (aus *The Two Foscari* wurde *I due Foscari*, aus *The Corsair* wurde *Il corsaro*), Voltaire (aus *Alzire ou Les Américains* wurde *Alzira*) bis hin natürlich zu Shakespeare (*Macbeth*, *Otello*, und der *Falstaff* nach *Die lustigen Weiber von Windsor*). Aber gleich vier Mal, eigentlich sogar fünf Mal hat er auf Schiller zurückgegriffen, mehr als auf jeden anderen Schriftsteller. Das fünfte Mal: In *La Forza del destino*, *Die Macht des Schicksals* von 1861 übernimmt Verdi wortwörtlich die Moralpredigt eines Kapuzinermönches aus dem *Wallenstein* und baut sie als Predigt des nunmehrigen Franziskaners Fra Melitone in seine Oper ein.

Verdis erste Schillervertonung war die *Jungfrau von Orléans*, *Giovanna d'Arco*, das Libretto schrieb treu nach Schiller (und mit einem bisschen Schielen auf Shakespeares *First Part of King Henry VI*, in dem die Geschichte der Jeanne d'Arc auch eine Rolle spielt) Temistocle Solera; die Uraufführung war 1845 in der Mailänder Scala. Übrigens erfuhr dieses Drama von Schiller (uraufgeführt 1801) die meisten Vertonungen. Es geht um die historische Figur des Mädchens Johanna, das nach einer Erscheinung im Wald in den ewigen Krieg zwischen Engländern und Franzosen eingreift und 1431 auf dem Scheiterhaufen stirbt. Das berühmte Zitat »*Kurz ist der Schmerz und ewig ist die Freude*« stammt aus diesem Stück, und auch das vielleicht noch berühmtere »*Mit der Dummheit kämpfen Götter selbst vergebens*«, das der sterbende Talbot auf dem Schlachtfeld seufzt.

Links:
Selbst beim Dessert wird hier mit Notenschlüsseln als Verzierung gearbeitet!

Rechts:
Patrioten schreiben 1859 *Viva Verdi* auf eine Hauswand.

Folgende Doppelseite:
Säuleneingang im *Palazzo del Principe* in Genua.

Verdi lässt die Jungfrau heldenhaft im Kampfgetümmel sterben, und ihre Figur bot reichlich patriotischen Zündstoff: In der Oper und im Stück kämpfen die Franzosen so gegen die Engländer wie in der Realität die Italiener gegen die verhassten Österreicher und die Franzosen. Das Publikum spürte genau, was gemeint war, und die Oper war derart erfolgreich, dass sie gleich siebzehn Mal hintereinander in Mailand gespielt wurde – mehr bejubelt als jede andere Verdi-Oper bis dahin. Die Mailänder Straßenorgel- und Leierkastenmänner spielten sogleich die schönsten Chöre nach, wie es oft bei Verdi passierte, weshalb ihn seine Gegner ja auch immer gern als »Leierkastenkomponisten« schmähten. Es gibt eine Anekdote: Verdi soll einmal einen Leierkastenmann das *La donna è mobile* aus dem *Rigoletto* in erbärmlich falschem Tempo spielen gehört haben. Angeblich ging er zu ihm, drehte selbst die Kurbel und sagte: »*So muss das klingen.*« Und am nächsten Tag, so sagt die Anekdote, hatte der Leierkastenmann natürlich ein Schild an seinem Wagen: *Schüler von Giuseppe Verdi*. Man sagt auch, Verdi habe manchen Leierkastenmännern Geld gegeben, damit sie seine Melodien eben *nicht* spielten.

1847 wurde in London Verdis Oper *I Masnadieri* uraufgeführt, nach Schillers *Die Räuber* schrieb Andrea Maffei das Libretto, Schillers italienischer Übersetzer. Das geniale Erstlingswerk hatte der junge Regimentsarzt Friedrich Schiller 1779 geschrieben und sich damit gleich eine Menge Ärger eingehandelt. Die Obrigkeit wird als ziemlich kriminell gezeigt, die Armen sind die Opfer, die rebellischen Räuber ihre Rächer. Außerdem gelten alte Familienstrukturen nicht mehr, der böse Sohn (Karl) ist eigentlich der Gute, Franz, der gut tut, ist die Kanaille, Amalia bleibt auf der Strecke, und der brave, dumme Vater wird grässlich behandelt und kommt um. Schon bei Schillers Uraufführung 1782 glich das Theater in Mannheim einem Irrenhaus, und bei der Uraufführung von Verdis Oper in London – er dirigierte selbst – war Königin Victoria *not amused*.

Salvatore Cammarano schrieb nach Schillers *Kabale und Liebe* den Text zu Verdis Oper *Luisa Miller*, im *Teatro San Carlo* in Neapel uraufgeführt. Es ist ein Stück über eine durch Intrigen zerstörte Liebe zwischen einem adeligen jungen Mann und einem bürgerlichen Mädchen, aber es geht auch generell um Willkür und Unterdrückung. Verdi schrieb diese Oper genau zu der Zeit, als er mit Giuseppina Strepponi nach Busseto zog und von den Provinzlern schief angesehen wurde, weil sie nicht verheiratet waren. Was also Standesdünkel und Provinzintrigen betraf, kannte er sich aus und war genau in der richtigen Stimmung für diese Oper!

Für Neapel, für die Zensur, für das höfische Drumherum wurde Schillers Handlung vorsichtshalber in ein Tiroler Dorf verlegt; es gab nun Chöre von Bauern und Jägern, aus Ferdinand (so hieß der herrschende Habsburger, Vorsicht!) wurde lieber ein Rodolfo, und das Ganze wurde ziemlich entschärft.

Linke Seite:
Alte Deckenverzierung mit einem Musikthema: Der Lautenspieler verzückt die jungen Damen.

Folgende Doppelseite:
Ein verwunschener Park mit zugewachsenen Treppen und Mauern in der Nähe von Florenz.

Links:
Notizbuch, Brille und Verdi auf Einwickelpapier.

Rechts:
Eingang zur Casa Barezzi, dem früheren Wohnhaus des Verdi-Förderers, das heute ein Museum ist.

Verdi reiste zu Proben und Aufführung nach Neapel an – was für mühselige Reisen müssen das damals gewesen sein! Teils mit der Kutsche, teils auf dem Seeweg kam Verdi nach Neapel und erlebte am 8. Dezember 1849 eine erfolgreiche Uraufführung.

Und dann, viele Jahre, ja, Jahrzehnte später, entstand – wieder nach Schiller – die Oper, die mir von allen Verdi-Opern die liebste ist: *Don Carlos*.

Für Paris hatte er sie geschrieben, 1867, und fast zwanzig Jahre später, 1884, gab es unter dem Titel *Don Carlo* in Mailand eine Neubearbeitung, unter anderem auch ohne das für Paris obligatorische Ballett. Was für eine Oper, was für ein Stoff! Die Franzosen Méry und Du Locle haben das Libretto geschrieben, nach Schillers Stück. Es geht um den spanischen König Philipp II. zur Zeit der Inquisition, dessen Sohn Carlos Elisabeth von Valois liebt. Der Vater nimmt ihm die Braut aus Staatsraison weg, der Marquis von Posa, Carlos' Freund Rodrigo, will ihn lieber für die Politik als für die Liebe interessieren und mit ihm zusammen das unterdrückte Flandern befreien; der Großinquisitor will die Inquisition vorantreiben und schreckt auch nicht vor der Königsfamilie zurück, und die Gefühle sind total verwirrt: Posa liebt die Freiheit, der Großinquisitor liebt brennende Scheiterhaufen und Gott, Carlos liebt Elisabeth, deren Hofdame, die Prinzessin Eboli, liebt Carlos, Elisabeth fügt sich und will gar nicht mehr lieben, und der König singt eine ergreifende Arie: *»Sie hat mich nie geliebt«*, *»Ella giammai m'amò, no, quel cor chiuso è a me, amor per me non ha!«*

Für mich ist diese Bassarie zu Beginn des vierten Aktes eine der innigsten, traurigsten, schönsten Opernarien überhaupt, ganz abgesehen von dem, was da aus dem Orchestergraben sirrt, schluchzt, brodelt und wie ein dunkles Gemälde aufsteigt ... In dieser Musik liegt alles, unser Schicksal, unser Leben, Hoffen, unsere Enttäuschungen, unser Glück und unser Tod. Das, was ich die Grundvergeblichkeit nenne. Nur die Musik kann das so eindringlich gestalten. Nur die Musik.

Unzählige Male habe ich beide Fassungen des *Don Carlos* gehört, die fünfaktige französische und die kürzere italienische, und immer wieder erschüttert mich diese Geschichte und lässt mich geradezu fassungslos Verdis große Kunst bestaunen. Nicht nur Philipps Arie, auch der Treueschwur der beiden Freunde Rodrigo und Carlos – »*Dio, che nell'alma infondere amor volesti e speme, Gott, der der Hoffnung und Liebe Strahl gesenkt in unsere Seele ...*« – und das berühmte »*O don fatale!*« der Eboli, womit sie nicht etwa einen fatalen Herrn, einen »Don fatale« besingt, sondern über das fatale Geschenk (*donum*) ihrer so großen Schönheit klagt, das sie übermütig gemacht und hat glauben lassen, der Infant Carlos würde sie lieben – »*ti maledico, o mia beltà, ich verfluche dich, du meine Schönheit!*« Aus der Verletztheit seiner Zurückweisung entsteht erst ihre Intrige, die alle ins Verderben reißt. Und dann das Quartett Philipp, Posa, Eboli und Elisabeth aus dem vierten Akt – unfassbar: Jede dieser Figuren ist in ihrer ganz speziellen Gemütsverfassung, jede singt nur für sich und von sich, und doch ist es ein Quartett, und spätestens hier begreift jeder, was die Oper dem Schauspiel so unendlich voraus hat: Vier unterschiedliche Charaktere gleichzeitig reden zu lassen empfiehlt sich nicht. Aber gleichzeitig und mehrstimmig singen – das ist möglich, das ist sogar erschütternd schön, denn da ist jedes Gefühl Musik, und alle Gefühle fließen, wie disparat auch immer, ineinander. Da singt die Eboli: »*Ich beging eine höllische Tat! O Gott, verzeih!*«, während Philipp ahnt, dass Elisabeth ihn zwar nicht liebt, ihn aber auch nicht betrogen hat: »*Rein bewahrt hat sie die Treue! Ihr stolzer Ton verriet es mir ...*« Posa nimmt sich gegen den König ordentlich was raus und singt: »*Sire! Euch untertan ist die Hälfte der Erde: seid Ihr denn selbst in diesem weiten Reich der Einz'ge, den Ihr nicht zu beherrschen wisst?*« Und Elisabeth, die Unglückliche, einsam, verdächtigt, klagt: »*In Leid und Tränen lässt mich alles allein! Ich steh als Fremde in dieser Welt, einsam auf Erden, ohne Hoffnungsschein.*«

Alles endet im Desaster: Posa tot, Carlos rätselhaft in der Gruft Karls V. verschwunden, Eboli im Kloster, König und Königin ohne Zukunft, nur der Großinquisitor, kalt und gnadenlos, der hält sich, lässt die Scheiterhaufen brennen und versetzt die Welt in Angst.

Giuseppe Verdi um 1890.

Eine große Geschichte, eine große Musik, inspiriert durch einen großen Schriftsteller. Als Verdi diese Musik schrieb, starben sein Vater und sein früherer Schwiegervater Barezzi – sicher lassen sich einige düstere Töne auch darauf zurückführen. 1866 brach der Preußisch-Österreichische Krieg aus, in den auch Italien mit hineingezogen wurde. Die Musik dieser Oper ist die Musik eines reifen Mannes, der viel erlebt hat, viel weiß, Kummer und Leidenschaft kennt – Verdi war damals Mitte fünfzig. Es gibt erstmals Leitmotive, die das Stück durchziehen, nicht so ausgeprägt wie bei Wagner, aber sie tauchen doch immer wieder auf. Und man hat Verdi sofort vorgeworfen, Wagner nachgeahmt zu haben – er kannte zu dieser Zeit zwar Partituren, aber noch keinen Ton von ihm, und wies alle Vergleiche empört zurück.

Natürlich erschien auch nach der Uraufführung des *Don Carlos* wieder eine Karikatur: Verdi mit Leierkasten. Die Musik war einfach zu schön, zu eingängig.

Der Schriftsteller Théophile Gautier war in der Pariser Uraufführung und schrieb im »Moniteur«:

> *»Bei der ersten Aufführung hat die Musik des Don Carlos das Publikum mehr überrascht als bezaubert: die beherrschende Kraft, die den Untergrund von Verdis Genie bildet, erscheint hier in ihrer mächtigen Einfachheit, aber unterstützt durch eine außergewöhnliche Entfaltung der harmonischen Mittel, ausgesuchter Klangfarben und neuer melodischer Formen.«*

Die Musikwissenschaft hat sich gerade dieses Werks gründlich angenommen. Man kann das alles nachlesen und glauben oder nicht, aber man kann sich auch einfach in die Oper setzen und die Kraft dieser Musik fühlen, indem man ihr zuhört. Und dann wird auch klar, was Franz Werfel damit meint, wenn er Verdi »einen Erschütterer« nennt:

> *»Was erschüttert denn an einer Melodie? Ihre Schönheit? Die ist dem Alter unterworfen. Melodien aus dem sechzehnten Jahrhundert sind für uns nicht mehr schön, außer wir sind Snobs, die mit dem Vorgestern kokettieren, um das Gestern und Heute zu brüskieren. An einer Melodie erschüttert einzig die Aussage, die Rede, die sie enthält. Es gibt kein Kunstwerk, das nicht Bekenntnis wäre.«*

In einem meiner alten *Don Carlos*-Textbücher und -Programme ist ein Zeitungsausschnitt von 1977, in dem sich der damals einundfünfzigjährige italienische Komponist Luciano Berio darüber auslässt, dass Verdis *Don Carlos* vulgär sei. Er findet: *»Musik zerstört oft den schönsten Text!«* Das ist nicht ganz unkomisch, denn in der Oper ist es nun mal die Musik, die die Geschichte in erster Linie zu erzählen hat, nicht der Text. Jahre später hörte ich in Düsseldorf Berios Oper *Un re in ascolto* und hätte mir, ach, mehr Musik und weniger schönen Text gewünscht!

Linke Seite:
Bewässerungsgraben auf dem Weg zum Landgut Verdis in Sant'Agata.

Unten:
Karikatur des dirigierenden Verdi aus dem Jahr 1859.

Folgende Doppelseite:
Ansicht des Mailänder Doms.

Zurück nach Italien, nach diesem Schiller-Exkurs, zurück mal wieder nach Mailand.

In der Via Manzoni zeigt man uns im Grandhotel äußerst freundlich sein großes Sterbezimmer, dessen Möbel aber ja seither in Sant'Agata stehen. Einzig ein Schreibtisch von damals ist noch da. Suite 105, da hat er immer gewohnt; jetzt begegnet mir auf dem Flur Charlotte Rampling. Als der *maestro* nach einem Schlaganfall 1901 hier im Sterben lag, war es den Mailänder Straßenbahnen verboten zu klingeln, und gegen Lärm von Fuhrwerken und Pferden wurden die Straßen rund um das Hotel mit Stroh ausgelegt. Unten in der Halle warteten die Journalisten und wurden mit stündlichen Bulletins versorgt. Hier starb ein Star, ein großer Sohn Italiens.

Natürlich stehe ich irgendwann auch an seinem Grab in der *Casa di Riposo per Musicisti, Fondazione Verdi,* so die genaue Bezeichnung für das von Verdi gegründete Altersheim für Musiker. Hierher fließen, flossen seine Tantiemen, heute erhält sich das Haus weitgehend durch Spenden. Ich lege Blumen auf die Platte, unter der er mit Giuseppina liegt, und aus einem offenen Fenster im ersten Stock ertönt Gesang: Eine zitternde alte Frauenstimme singt etwas aus *La Traviata.*

Das Haus liegt an der verkehrsumtobten und architektonisch für Italien erstaunlich hässlichen Piazza Buonaroti, aber wenn man in das Künstlerheim, das schönste Haus am Platz, eintritt, gelangt man in einen stillen, umbauten Innenhof von fast klösterlicher Ruhe. Dann hört man jemanden Elgars Cellokonzert üben: Jeden Montag und Dienstag sind Konzerte im Haus, veranstaltet von den Schülern des Konservatoriums für die Heimbewohner und zu eigenen Übungszwecken. Was für eine großartige Idee von Verdi, dass Menschen, die ihr Leben lang mit Musik zu tun hatten, auch im Alter zusammen

Linke Seite:
Mosaikbilder am Grab von Giuseppe Verdi in der *Casa di Riposo* in Mailand. Das Gebäude ist eine Stiftung von Verdi, um alten Musikern und Künstlern einen würdigen Lebensabend zu ermöglichen.

Links oben:
Innenhof der *Casa di Riposo* in Mailand.

Rechts oben:
Grabstätte von Giuseppe Verdi in der *Casa di Riposo.*

Folgende Doppelseite:
Deckenverzierung über dem Grab von Verdi – ein Sternenhimmel.

Vorhergehende Doppelseite:
Verdi wohnte gern und oft im Grand Hotel in Mailand. In der Lobby des Hotels ist ihm zu Ehren sein Porträt aufgestellt.

Oben:
Zwei Ansichten von Verdis Zimmer im Grand Hotel in Mailand.

Rechte Seite:
Verdi-Denkmal vor dem Eingang zur *Casa di Riposo* in Mailand.

leben und musizieren können! Architekt des schönen Gebäudes war übrigens Camillo Boito, ein Bruder des Librettisten und Komponisten Arrigo Boito.

Im Erdgeschoss sind Ausstellungsräume, die ein paar Möbel, Bilder, Kleidungsstücke von Verdi zeigen – sein Esszimmer aus dem Haus in Genua, wo er Giuseppina zuliebe die Winter verbrachte, mit einer riesigen Reproduktion von Tizians üppiger Venus. Giuseppina tat sich manchmal schwer mit dem Landleben, vor allem in der dunklen Jahreszeit. In einem Brief schreibt sie:

> *»Aber Sonne, Blumen, Bäume, die unübersehbare Schar der verschiedensten Vogelarten, die das Land für den größten Teil des Jahres so schön machen und beleben, sie lassen es trist, stumm und kahl im Winter. Dann mag ich es nicht mehr. Wenn Schnee die riesige Ebene zudeckt und die Bäume mit entlaubten Zweigen wie trostlose Gerippe dastehen, dann kann ich die Augen nicht aufheben, um hinauszublicken. Ich verhänge die Fenster mit geblümten, mannshohen Gardinen, und über mich kommt eine unendliche Traurigkeit, ein Verlangen, dem Land zu entfliehen und zu fühlen, dass ich unter Lebenden weile, nicht unter Gespenstern in der Grabesstille eines weiten Friedhofs. Verdi mit seiner eisernen Natur hätte vielleicht das Land auch im Winter geliebt und sich Freuden und Beschäftigungen zu schaffen gewusst, die der Jahreszeit entsprechen. Aber gutherzig, wie er ist, hat er Mitleid gehabt mit meiner einsamen Traurigkeit, und nach langem Zögern bei der Wahl des Ortes haben wir unsere winterlichen Zelte angesichts von Meer und Berg aufgeschlagen.«*

Und so wurde die Wohnung im Palazzo Sauli in Genua eingerichtet, später zog man in den prächtigen Palazzo Doria um.

Wir sind noch in Mailand. Abends möchte ich in die Scala, wie immer gibt es keine Karten mehr, heute schon gar nicht, weil unter anderem Lang Lang spielen wird. Ich will aber nicht wegen Lang Lang hinein, sondern weil Riccardo Chailly

Eindrücke aus dem Scala-Museum in Mailand.

Strawinskys *Le sacre du printemps* dirigieren wird, dieses unglaubliche Stück von 1913, das Arthur Honegger als »Atombombe der Neuen Musik« bezeichnete. Es gelingt mir, zu einem Wucherpreis an eine Karte zu kommen: Ein abgerissen aussehender Mann bietet einen billigen Stehplatz zu 12 Euro auf der obersten Galerie für das Zehnfache an; er lebe davon, sagt er, und ich handele ihn ein bisschen herunter und zahle dann ohne Murren.

Ich bin drin! Roter Samt, Plüsch, üppige Lüster – alle alten italienischen Opernhäuser gleichen einander. Ich denke daran, dass wir etwas ähnlich Prachtvolles auch in Köln hatten, vom Krieg nicht einmal völlig zerstört, aber sie haben es abgerissen und etwas Neues gebaut, das jetzt bröckelt und restauriert werden muss und weder technischen noch ästhetischen Ansprüchen auch nur annähernd genügt.

In den Fluren hängen bis ganz nach oben in großen Rahmen die Plakate alter Aufführungen, viel Verdi, Puccini, Rossini, keine Bilder, nur Schrift, alles ist sehr elegant – auch die Platzanweiser in schwarzen Jacken mit goldenen Ketten, eine Mischung aus Mönch und Bürgermeister. Man folgt ihnen artig.

Lang Lang beeindruckt mit einem Rachmaninow-Klavierkonzert, in der Pause steht man in einem Foyer herum, das groß wie ein Tanzsaal ist, Säulen, Lüster, wenige winzige, lachsfarbene Sesselchen, man ergeht sich und hat erhabene Gefühle: Scala! Verdi! Puccini! Toscanini! In Bayreuth habe ich immer gedacht: Hitler. Was natürlich ungerecht ist, aber er war nun mal da, oft, und hier war mein Verdi.

Nach der Pause ein Stück von Hans Werner Henze, und dann legt das Orchester richtig los: *Le sacre du printemps, Das Frühlingsopfer* lässt kein Organ im Körper mehr da, wo es hingehört, und als der letzte Ton dieses gewaltigen Werkes, dieser musikalischen Bombe, verklingt, reißt es mit einem einzigen Urschrei das Publikum von den Stühlen, und wir auf den billigen Stehplätzen da oben fallen fast von der Galerie, ich halte verschwitzt Händchen mit einer ebenso erschütterten, mir völlig unbekannten Japanerin. Ich verstehe, dass Diktatoren die Kultur verbieten. Sie macht andere, mutige, starke Menschen aus uns.

Das *Museo della Scala* schaue ich am anderen Tag auch an. Verdis Spinett aus Le Roncole steht hier, Büsten, Bilder, Noten auch der anderen großen Kollegen, Puccini, Rossini, ja, auch Wagner, Szenenbilder, Stiche, kiloschwere Originalpartituren. Man muss sich das vorstellen: von Hand geschriebene Noten für ein Achtzig-Mann-Orchester, für jedes einzelne Instrument! Und trotz des touristischen Gedränges auch hier ein Hauch italienisch eleganter *grandezza*.

Folgende Doppelseite:
Blick in den imposanten Zuschauerraum der Scala mit dem Orchester bei einer Probe.

163

Links oben:
Alter Prachtbau in Salsomaggiore, einem der Kurorte, in denen Verdi oft Erholung und Entspannung suchte. Heute ist in dem Gebäude eine Wellness-Therme – zeitgemäß.

Rechts oben:
Pracht auch im Kurhaus von Montecatini, dem Kurort Verdis südlich von Florenz.

Rechte Seite:
Ein Konzert im Foyer der Wellness-Therme in Salsomaggiore.

Folgende Doppelseite:
Eine überbordende Jugendstil-Innengestaltung prägt das alte Kurgebäude in Salsomaggiore.

Mailand strengt an. Wohin ging Verdi, wenn er zu angestrengt war, außer nach Sant'Agata, wo er aber auch nur wieder im Garten oder auf den Feldern arbeitete? Er ging in die Bäder, nach Tabiano oder Montecatini. Da soll er gebadet, ausgeruht haben und in seiner schwarzen Samtjacke mit Schlapphut über die Berge gewandert sein. Also fahren wir auf seinen Spuren nach Terme Tabiano und landen in etwas, das Ceausescu hätte bauen können – verschandelte Riesenhotels, ein zubetonierter Ort, liebloser Plattenbau, triste Parkplätze, überfüllte hässliche Bäder.

Das größte Hotel in der Via Respighi, benannt nach dem Komponisten Ottorino Respighi, ist eine monströse Scheußlichkeit, in der die Nacht nicht vorbeigehen will. Wären wir doch bloß weitergefahren! Hier ist nirgends ein Hauch Verdi, und nie würde er heute noch hierher fahren. Es muss damals – die Landschaft konnten sie nicht ganz verderben – eine hübsche kleine Therme gewesen sein. Die Landschaft ist lieblich, flaches Land und Hügel wechseln ab, man ahnt, dass das Bad sich einst anmutig zwischen die Berge schmiegte, man ahnt es nicht nur, man sieht es auch auf alten Ansichten. Wir können uns gut vorstellen, wie Verdi hier spazierenging und sich erholte, er, der die flache Emilia-Romagna so liebte, schätzte doch auch diese Hügellandschaft, dieses bescheidene Bad. Ein paar Kilometer weiter liegt Salsomaggiore, schon damals ein feudales Luxusbad, das eher Dandys wie Giacomo Puccini anzog. Dort gab es Gesellschaften, Damen mit großen Hüten, Kurkonzerte, elegante Promenaden; ein Teil davon ist geblieben bis heute. In Tabiano: Baden, Spazierengehen, Ruhe.

Bei unseren Fahrten über Land sehen wir nur wenige Tiere, keine Kühe, keine Schafe oder Pferde, einmal einen Esel. Jetzt, auf dem Weg durch die Po-Ebene, plötzlich auf den Uferwiesen zum ersten Mal: eine Ziegenherde, in diffusem Licht am Ufer des Flusses, wie vor hundert Jahren, ein ganz archaisches Bild. Als wäre es aus einem Film von Fellini …

Vorhergehende Doppelseite:
Innenhof der Kuranlage von Montecatini.

Oben:
Natürlich gibt es in Montecatini auch ein *Gran Caffè Verdi.*

Der mondäne Badeort Montecatini liegt sehr viel weiter südlich. In seinen letzten beweglichen Jahren war Verdi mit seiner Frau zur Erholung nur noch dort. Wir fahren durch eine Landschaft mit Oliven und Zypressen, diese weltberühmte, Sehnsucht weckende Landschaft der Toskana in Richtung Pistoia nach Montecatini. Im Auto hören wir Musik von Verdi: Wieder einmal beklagt eine Leonora ihre erloschene Liebe, »addio, addio ...«. Don Alvaro flieht und wird von Leonoras Bruder Carlo verfolgt, ach ja, *La forza del destino,* die Macht des Schicksals.

Wir wollen im Grand Hotel wohnen, wie er damals, wir wollen einmal unter einem Dach schlafen, unter dem mit Sicherheit auch er schon geschlafen hat. Der Eingang ist noch imposant: links das berühmte Porträt mit Schnurrbart, Zylinder und weißem Schal, der Blick wehmütig verhangen, darunter eine Tafel mit goldenen Buchstaben:

»Questa per molte estati fino all'anno MCM fu grata dimora di Giuseppe Verdi.
Quando stanco quasi di gloria cercava tra il verde dei campi e lo splendor del cielo
la quiete serena dello spirito che sempre antepose a tutti gli strepiti del trionfo.«

Wenn er müde war, habe er sich also hier, in den grünen Feldern und unter diesem Himmel, erholt von den Strapazen der Triumphe ... Glücklich checken wir ein und fallen fast in Ohnmacht: die scheußlichsten Zimmer, die man sich denken kann, fast so schlimm wie in Tabiano: Linoleum, Plastik, Billigmöbel, aus einem ehemals großen Raum wurden sichtbar vier kleine gemacht, abgehängte Decken, drangeklatschte »Nasszellen«, ja, sagt uns ein Angestellter, vor vier Jahren habe man angefangen zu renovieren. Aber ganz oben seien noch ein paar alte Zimmer ... Gegen ein Trinkgeld zeigt er sie uns. Ach, wie weh das tut. Alte schöne Möbel, es war einmal, die Treppen oben auch noch mit dem gedrechselten Geländer, wir gehen trübe wieder in unsere Zimmer aus dem Baumarkt. Grand Hotel.

Wir trinken irgendwo einen *caffè,* nein, nicht irgendwo, wir sehen es erst, als wir schon sitzen: *Gran Caffè Verdi,* und auf den Zuckertütchen ...? Natürlich, Verdi. Gegenüber an der prächtigen Allee, die zur Therme führt, ein *Teatro Verdi,* in dem am Abend der Sänger Pupo auftreten wird. Wir dürfen kurz hinein: Außen noch alt, innen Aluminium und Plastik – gegrüßet seist du, neue Zeit.

Die Therme ist beeindruckend, es gibt mehrere Gebäude, fast alle sehr schön, viel Jugendstil und teure Geschäfte in den Arkaden, wie in Baden-Baden. Es gibt sogar ein Kurkonzert im Park. Ein Jüngling spielt flott und ohne Gefühl die *Mondscheinsonate,* im Mai, morgens, bei hellem Sonnenschein, warum? Vielleicht ist er der Sohn des Dirigenten und muss üben, danach gibt es wieder lustige Weisen vom Orchester. Viele Engländer scheinen Montecatini fest in der Hand zu haben, die Deutschen erkennt man meist an kurzen Hosen.

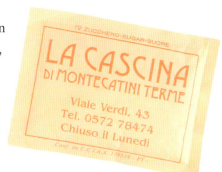

Abends im Hotel, nach viel Wein, um all das zu überstehen, sehe ich im Fernsehen einen Film über Benito Mussolini. Der hatte, damals gerade zum anfangs radikal-sozialistischen, später dann faschistischen Volksredner erwacht, seinen ersten öffentlichen Auftritt 1901 auf Verdis Beerdigung.

Nachts träume ich davon, mit Giuseppe Verdi und einem Rudel Jagdhunde durch die Felder zu gehen. Verdi stellt mir dauernd Rechenaufgaben, und ich schwitze, weil ich sie nicht lösen kann. Ich möchte über Musik mit ihm reden, aber das tut er als dummes Zeug ab. Die Hunde gucken mich mitleidig an. Ich erwache sehr schlecht gelaunt und möchte rasch weg aus Montecatini.

Kleine Villa in einer Parkanlage von Montecatini.

Natürlich fahren wir auch nach Venedig, wo Verdi so oft dirigiert hat, wo er immer wieder gewohnt hat, wo Wagner starb, wo Strawinsky begraben liegt, wo *Ernani, Attila, Rigoletto, La Traviata* und *Simon Boccanegra* uraufgeführt wurden. Immer wieder brannte das 1792 eröffnete *Teatro La Fenice* ab – und immer wieder erstand der Phönix, *La Fenice*, aus der Asche neu, zuletzt 2004 nach dem gewaltigen Brand von 1996. Acht Jahre hatte es gedauert, bis das Theater wieder in altem Glanz erstrahlte. Zur Eröffnung spielte man Verdis Oper *La Traviata*, die hier auch im März 1853 uraufgeführt und damals so ausgebuht worden war, dass Verdi der Legende zufolge aus Kummer im Garten von Sant'Agata eine Trauerweide pflanzte. Was war geschehen? Die Oper geht zurück auf Alexandre Dumas' Roman *Die Kameliendame*, der nach seinem Erscheinen in Paris 1848 sofort zu Weltruhm gelangte. Verdi reizte der Stoff, weil es um moderne Menschen seiner Zeit ging, endlich mal kein historisches Stück! Er änderte die Namen der Romanfiguren und schrieb in angeblich nur sieben Wochen mit leichter Hand diese Oper über eine Pariser Kurtisane, die sich in den bürgerlichen Alfredo verliebt, ihn nicht lieben darf und an Schwindsucht stirbt, bis ganz am Ende Alfredo und sein hartherziger Vater Germont an ihrem Bett stehen und um Verzeihung bitten. Sicher dachte Verdi bei der Figur der Marguerite Gautier, die in der Oper Violetta Valéry heißt, an seine Giuseppina Strepponi, deren Lebenswandel in Paris die braven Bussetaner ihr ankreideten, als Verdi mit ihr aufkreuzte. Eine ganz ähnliche, wenn auch glücklicher endende Geschichte also!

Aber das *Teatro la Fenice* besetzte bei der Uraufführung die Rolle der Violetta mit der ziemlich korpulenten Sopranistin Fanny Salvini-Donatelli, der man die dahinsiechende Traviata nicht abnahm. Sie war keineswegs vom Tode gezeichnet, sondern von sichtbar robuster Gesundheit, und sie fühlte sich zudem durch die Rolle einer »Käuflichen« geradezu beleidigt. Das gnadenlose venezianische Publikum lachte denn auch die ganze Zeit und johlte vor allem im vierten Akt bei Violettas Tod durch Schwindsucht. Außerdem war man enttäuscht, »nur« ein Seelendrama und keine große Prunkoper zu sehen – die Uraufführung der Oper, die heute weltweit zu den meistgespielten gehört, geriet also zum Fiasko. Verdi war traurig darüber, aber nicht verzweifelt; er glaubte fest an die Qualität gerade dieser Oper, und schon etwas mehr als ein Jahr später, im Mai 1845, feierte *La Traviata* an einem anderen venezianischen Theater, dem *Teatro Gallo* im Stadtviertel San Benedetto, einen rauschenden Triumph und verschwand seitdem nie mehr von den Spielplänen.

Vorhergehende Doppelseite:
Die berühmten Tauben auf dem berühmten Markusplatz in Venedig.

Linke Seite:
Blick auf einen der vielen Kanäle im Herzen von Venedig.

Oben:
Emblem der Oper *Teatro La Fenice* ist der Phönix.

Folgende Doppelseite:
Stimmungsvoller Eingang in die Oper *La Fenice* unter den ausgebreiteten Flügeln des Phönix.

Links oben:
Unerwartete Begegnung auf dem *Campo San Stefano* mit dem Tenor Roberto Saccà, der am Abend in *La Traviata* den Alfredo singen wird.

Rechts oben:
Alle Bühnenrequisiten müssen per Schiff über diesen Anleger am Kanal hinter der Oper angeliefert werden.

Rechte Seite:
Blick in den Orchestergraben von *La Fenice*.

Folgende Doppelseiten:
Das wiederaufgebaute Opernhaus in neuem Glanz.

Die Pausenräume im ersten Stock von *La Fenice*.

Die Inszenierung, die wir in Venedig sehen, ist sehr interessant. Geht es sonst meist um die glückliche Liebe zwischen Violetta und Alfredo, aus der Vater Germont eine unglückliche Liebe macht, indem er die beiden trennt und das am Ende bitter bereut, erzählt Robert Carsen das Stück über das Thema Geld. Violetta ist Kurtisane, wird bezahlt, und Alfredo ist ein armer Schlucker, der nicht genug Geld hat, um ihren Lebensstil zu finanzieren. Am Ende verarmt sie immer mehr, und während sie noch stirbt, werden schon von Bühnenarbeitern die Möbel aus ihrer Wohnung getragen, und im Zuschauerraum geht bereits das Licht an. Diese Inszenierung ist erschütternd kalt und in starkem Kontrast zu Verdis Musik.

Auf dem Campo San Stefano kommt mir am Tag vor der Aufführung ein eleganter, südländisch aussehender Herr entgegen. Ich lächle ihn an, er lächelt zurück und sagt: »Guten Tag, Frau Heidenreich.« Ich bin verblüfft, wir kommen ins Gespräch, und ich erfahre, dass er zwar Italiener ist, aber in Deutschland lebt und mich aus dem Fernsehen kennt. Es ist Roberto Saccà, der wunderbare Tenor, »*und ich werde*«, sagt er, »*morgen für Sie den Alfredo singen.*«

La Fenice, das alte Opernhaus, ist perfekt, fast zu perfekt restauriert nach dem schweren Brand. Es fehlt überall noch Patina, aber die wird rasch kommen in einer Stadt mit so viel Wasser und so dramatischem Klima. Der Bühnenvorhang ist hier mal nicht aus dem sonst üblichen roten, sondern aus grünem Samt, mit dem venezianischen Wappen in Gold. Überall auf den Fluren lauern misstrauische Feuerwehrmänner – das letzte Mal war es Brandstiftung! Die Damen tragen wie überall in Italien Pelz, lässig über die Schulter geworfen, die Orchestermusiker stehen in der Pause auf dem kleinen Campo San' Fantin und trinken Espresso, wie eh und je. Die Kulissen müssen mit Booten über einen Kanal ins Innere des Theaters gebracht werden; sie lagern außerhalb, denn für einen Fundus ist hier kein Platz. Das Theater hat ja nicht mal einen Unterboden, unter dem Orchester gluckst gleich das Wasser.

Venedigs vergehende Schönheit ist immer noch und immer wieder erschütternd. Es ist die Stadt der Musik, Verdi, Bellini, Cherubini, Paisiello, Cimarosa, Wagner, Donizetti, Puccini, Bizet, Rossini, ihre Musik klingt hier nach – Monteverdis *Die geraubte Proserpina* wurde vor mehr als 400 Jahren hier aufgeführt. Im Hof des Konservatoriums sitze ich lange und höre, wie jemand ein Klavierkonzert von Rachmaninow übt. Überall ist Schönheit, überall ist auch Verfall, in Venedig spürt man das eigene Altwerden und Vergehen, aber ohne Angst oder Auflehnung, eher mit einer gelassenen Melancholie. Auflehnung ist sinnlos, nichts bleibt, und die Gegensätze von alt und jung, schön und hässlich, hell und dunkel, von Tod, Leben, Liebe sind unauflöslich. Diese Stadt macht das spürbar, und in dieser Stadt in der Oper zu sitzen und in Musik zu versinken, die von solchen Geschichten erzählt, ist etwas ganz Besonderes. Nietzsche hat Venedig zum Synonym für Musik schlechthin erklärt, und ich habe in Venedig immer ein schmerzliches Gefühl von Sehnsucht nach Frieden, »pace! pace!«, wie es die Leonoren in den Opern so inbrünstig singen.

Linke Seite:
Ein Komparse auf dem Weg zur nächsten Probe in der Oper?

Folgende Doppelseite:
Venedig …!

Schon in Verdis erster Oper, *Oberto,* die 1839 in Mailand uraufgeführt wurde, gab es eine Leonora. Damals sollte die Sopranistin Giuseppina Strepponi, seine spätere zweite Frau, diese Leonora singen, natürlich eine unglückliche Leonora, natürlich geht sie am Ende ins Kloster! Aber aus Zeitverschiebungen durch eine Erkrankung des Tenors kam es nicht dazu. In der Oper, einer Art Rittergeschichte, geht es um eine der vielen unglückseligen Vater-Tochter-Beziehungen, die Verdi immer wieder aufgreift, aber diese Geschichte von Antonio Piazza und Temistocle Solera überzeugt nicht wirklich. Die Musik erinnert an Rossini, an Bellini, an Donizetti, und doch ahnt man schon, dass hier einer kommt, der seine Vorbilder übertreffen wird. Der Erfolg war nicht rauschend, aber solide, und bescherte ihm einen Vertrag mit der *Scala* über gleich drei weitere Opern, wovon die erste eine *opera buffa* sein sollte – eine komische Oper, die Verdi dann ja ausgerechnet in der Zeit schreiben musste, als ihm nach den Kindern auch seine Frau Margherita starb. Entsprechend wurde »Un giorno di regno« (*König für einen Tag*) ein Desaster.

Links:
Man trifft sich vor der Oper.

Rechts:
Abendstimmung in einer lauschigen Ecke der Lagunenstadt.

Verdi schreibt selbst dazu:

»*Un giorno di regno war ein Misserfolg. Schuld an ihm war gewiss die Musik, aber ebenso gewiss die schlechte Aufführung. Vom Unglück gebeugt, durch den Misserfolg verbittert, redete ich mir ein, dass in der Kunst kein Trost für mich sei, und fasste den Entschluss, nie wieder eine Note zu komponieren. […] Mein Mut war betäubt, und an Musik dachte ich überhaupt nicht mehr.*«

An den Kritiker Filippo Filippi schrieb er später:

»*Wenn ich diese unglückliche Laufbahn beibehielt, dann deshalb, weil es mit fünfundzwanzig zu spät gewesen wäre, etwas anderes anzufangen, und meine Körperkräfte nicht hinreichten, mich auf meine Felder zurückkehren zu lassen.*«

Verdi wollte aufgeben, zog sich zurück, las Schundromane, rührte kein Klavier und kein Notenpapier an. Es gibt jedoch eine sehr geschönte autobiografische Skizze, die Verdi 1879 für Ricordi schrieb. Der darf man, was Fakten betrifft, nicht trauen, doch sie ist sehr interessant zu lesen. Franz Werfel druckt sie in der von ihm 1926 herausgegebenen Briefauswahl Verdis ab. Hier ist aus dieser selbstbiografischen Skizze Verdis die berühmte Szene, wie er, der nach dem Tod von Frau und Kindern und dem Misserfolg der in dieser Trauerzeit auf Vertragsdruck hin geschriebenen komischen, ach, eben gar nicht komischen Oper *Un giorno di regno* nie mehr komponieren wollte, eines Tages den Mailänder Operndirektor Merelli traf, der ihm ein Libretto von Temistocle Solera zusteckte, das der deutsche Komponist Otto Nicolai gerade zurückgewiesen hatte.

» ›*Hier! Das ist ein Libretto von Solera! Diesen herrlichen Vorwurf zurückzuweisen! … Nimm es! … Lies es!*‹ …
›*Was soll ich damit? Nein, nein, nein! Ich bin nicht in der Stimmung, Operntexte zu lesen.*‹

Ma non è questo che qui c'interessa, sibbene qualcosa di schiettamente più tecnico: l'esito sonoro di tale lettura. Soprattutto, reminiscenza del primo incontro con Alfredo («Di quell'amor...»), vedremo essere del tutto atipico fra le letture melodrammatiche, provvisamente alla dimensione parlata:

ESEMPIO 1: GIUSEPPE VERDI, *La traviata*, III.4

›Äh! Dieser Text wird dir schon nicht weh tun. Lies ihn! Du kannst ihn mir gelegentlich zurückbringen‹, und er drängte mir das Manuskript auf. Es war ein dickes Heft, mit großen Lettern geschrieben, wie sie damals in der Mode waren. Ich rollte das Ding zusammen, gab Merelli die Hand und machte mich auf den Heimweg. Auf der Straße überfiel mich eine Art ganz unerklärlichen Unwohlseins, eine abgrundtiefe Traurigkeit, eine Todesbeklemmung, die mir das Herz würgte! ... Zu Hause angekommen, warf ich das Heft mit einem so bösen Schwung auf den Tisch, dass es herabschnellte und vor meinen Füßen liegen blieb. Im Fallen aber hatte es sich geöffnet, und ohne dass ich wusste wie, blieben meine Augen an der offenen Seite hängen und jener Vers blickte mich an:

›Va, pensiero, sull'ali dorate‹.

Ich durchflog die folgenden Verse und wurde mächtig von ihnen ergriffen, umso mehr, als sie eine Paraphrase der Bibel waren, die ich immer über alles geliebt habe. Ich lese einen Teil, ich lese einen andern: dann, meines festen Vorsatzes gedenkend, nie wieder zu schreiben, schlage ich das Heft zu und gehe zu Bett ... Aber, ach ... ›Nabucco‹ ging in meinem Kopf um, und der Schlaf kam nicht! Also, ich stehe auf

und lese die Dichtung nicht einmal, nein, zweimal, nein, dreimal, so oft, dass ich am Morgen das Libretto Soleras vollkommen auswendig weiß.

Trotz alledem, keineswegs gesonnen, von meinem Vorsatz zu weichen, gehe ich ins Theater und gebe Merelli das Manuskript zurück:

›Schön, was, äh?‹

›Sehr schön!‹

›Äh! ... Also setz es in Musik!‹

›Nicht einmal im Traum will ich damit zu tun haben!‹

›Setz es in Musik, sag ich dir, setz es in Musik!‹

Nach diesen Worten stopft er mir das Heft in die Tasche meines Überrockes, packt mich bei den Schultern und befördert mich nicht nur mit einem Stoß zur Stube hinaus, sondern schlägt mir noch die Tür vor der Nase zu und dreht innen den Schlüssel ab.

Was tun?

Den ›Nabucco‹ in der Tasche kehre ich heim. Heute diesen Vers, morgen jenen, hier eine Note, dort eine ganze Phrase, so entsteht nach und nach die ganze Oper.«

Der Markusplatz in Venedig, mal wieder unter Wasser. Man geht über Stege.

Später, gegen Schluss dieser selbstbiografischen Skizze, schreibt Verdi:

> *»Dies ist die Oper, mit welcher in Wahrheit meine künstlerische Laufbahn beginnt. So sehr ich auch gegen feindliche Gewalten ankämpfen musste, es ist sicher, dass ›Nabucco‹ unter einem glücklichen Stern geboren ist.«*

Und ganz am Schluss, der alte Verdi:

> *»Dennoch! Wir sollten uns ja nicht immer auf wohltätige Sterne verlassen. Immer wieder hat mich späterhin die Erfahrung gelehrt, wie recht das Sprichwort hat: ›Fidarsi è bene ma non fidarsi è meglio.‹ Vertrauen ist gut, Misstrauen besser.«*

Nabucco wurde im März 1842 in Mailand bejubelt, im Herbst wiederaufgenommen und an die sechzig Mal gespielt. Michele Lessona schreibt in seinem Buch *Volere è potere* 1869:

> *»Der Erfolg des ›Nabucco‹ löste so stürmische Begeisterung aus wie noch nie einer zuvor. In dieser Nacht kannte Mailand keinen Schlaf, am nächsten Tag war das neue Meisterwerk einziges Gesprächsthema, der Name Verdi in aller Munde. Sogar die Mode, die Küche sogar bemächtigten sich seiner; Verdi-Hüte wurden kreiert, Verdi-Schals, Sauce à la Verdi.«*

Da haben wir es schon, das Verdi-Merchandising im großen Stil, das bis heute in so verrückten Formen andauert!

Dabei ist *Nabucco* keine liebliche Oper. Es geht um die in babylonischer Gefangenschaft leidenden Juden, die der zum Glauben bekehrte König Nebukadnezar (Nabucodonosor, abgekürzt Nabucco) schließlich freilässt, und unterschwellig erzählt Verdi durchaus, bewusst oder unbewusst, die Situation der unterdrückten Italiener im politisch zerstückelten Italien. (*»Oh, mia patria sì bella e perduta! Oh, mein Vaterland, so schön und so verloren!«*) Seine Landsleute begriffen das sofort und machten *»Va, pensiero«* zu ihrer Hymne.

Die Oper hat Kraft und Leidenschaft; in Magdeburg inszenierte Vera Nemirova 2007 einen grandiosen Gefangenenchor: Nach der düsteren Prophezeiung des hebräischen Hohepriesters Zaccaria flogen im dunklen Saal alle Türen auf, in den Fluren gleißendes Licht, und ein gewaltiger, aus vier verschiedenen Chören zusammengesetzter Gefangenchor – darunter auch ein Kinderchor – sang das ergreifende *»Va, pensiero / Flieg, Gedanke«*, alle Sänger hielten die rechte Hand auf dem Herzen, und als sie sie am Ende des Gesanges herunternahmen, waren an dieser Stelle Judensterne. Das Publikum klatschte minutenlang ergriffen und weinte. Ein wirkliches Kunstwerk trägt seine wahre Botschaft unbeschadet durch die Jahrhunderte.

Unten:
Schaufensterdekoration in Venedig.

Rechte Seite:
Die Sopranistin Frieda Hempel als Violetta in *La Traviata* (undatierte Fotopostkarte).

Rechte Seite:
Mitarbeiter der Oper transportieren mit einer kleinen Raupe einen Flügel über die Vordertreppe in das Opernhaus *La Fenice*.

Verdi empfand die sechzehn Jahre nach *Nabucco* als Galeerenjahre, in denen er nur noch arbeitete, eine Oper nach der anderen schrieb.

»Ich fühl mich wie ein Arbeiter, ein Tagelöhner, der seine Ware bei der Firma abliefert und den die Firma ausbeutet, wie es ihr gerade passt … Die Seele sieht schwarz aus, immer noch schwarz, und so wird es bleiben, bis ich diese Karriere hinter mich gebracht habe, die ich verabscheue. … Ich muss noch sechs Opern schreiben, und dann sage ich allem addio!«

Zum Glück für uns tat er das nicht. Eduard Hanslick, der gefürchtete Wiener Musikkritiker, hörte den *Nabucco* 1843 in Wien und schrieb:

»Die Oper machte sehr geringe Wirkung. Nur die Italianissimi im Publicum wagten es, ihr Wohlgefallen zu bekennen«.

In einem langen Aufsatz Mitte der 1870er Jahre macht Hanslick alles herunter, was Verdi geschrieben hat. **Oberto:** *»eine geradezu schülerhafte Komposition«.* **Un giorno di regno:** *»ein Rückschritt.«* **Nabucco:** hier *»musste an dieser Musik noch der Mangel eines fließenden melodiösen Gesanges auffallen.«* **I Lombardi:** *»ein Muster von Abgeschmacktheit und Unklarheit.«* **Ernani:** na ja, ein Erfolg, aber doch auch *»von Rohheit durchdrungen«*, und so geht das endlos weiter – *»lauter schlechtes Zeug«*, zwischen *Ernani* und *Rigoletto* *»eine sechsjährige Periode des Misswuchses und Hagelschlags«*, die *Giovanna D'Arco* vergleicht er mit den Schafblattern, alle Verdi-Opern findet er nackt und arm, abgesehen von ein paar Gassenhauern, mit Schiller und Shakespeare geht Verdi frevelhaft um, findet Hanslick. Und er schimpft: Immer, wenn man sich freue, nun sei es endlich vorbei, komme noch ein entsetzlicher Akt. **La Traviata:** *»oberflächlich und trivial«*, ach ja, das Ganze letztlich nur Karnevalsopern, eben Italien, eben trivial – wir sehen, jede Kunstrichtung und jede Zeit hat ihren Reich-Ranicki, und der kann bei aller unterhaltenden Bosheit durchaus auch irren. Aber: Er kann auch Irrtum einsehen, und Hanslick gesteht schließlich nach *Don Carlos* und *Aida* Verdi Talent und seiner Musik Schönheit zu. Später lernte er ihn sogar selbst kennen, und ausgerechnet den Lebenserinnerungen des scharfzüngigen Hanslick verdanken wir eine schöne Beschreibung des achtzigjährigen Verdi:

»Die schlichte Herzlichkeit, mit welcher Verdi […] mich empfing und begrüßte, hat mich, der ich manche Jugendsünde gegen ihn auf dem Gewissen habe, tief bewegt. Es leuchtet etwas unendlich Mildes, Bescheidenes und in der Bescheidenheit Vornehmes aus dem Wesen dieses Mannes, den der Ruhm nicht eitel, die Würde nicht hochfahrend, das Alter nicht launisch gemacht hat. Tief gefurcht ist sein Gesicht, das

schwarze Auge tiefliegend, der Bart weiß – dennoch lässt die aufrechte Haltung und die wohltönende Stimme ihn nicht so alt erscheinen.«

Wir sehen das auf Fotos, nur die schwarzen Augen nehmen wir Hanslicks Erinnerung nicht ab – Verdi hatte graublaue Augen.

Franz Werfel, selbst Künstler, hat einmal leidenschaftlich dafür plädiert, Künstler wie Wagner oder Verdi in Schutz zu nehmen gegen gewisse Kritiker, gegen die »*Bleichgesichter des Niveaus.*« In seinem Aufsatz »*Das Bildnis Giuseppe Verdis*« schreibt Werfel 1926:

»Die Musik Verdis unterliegt der Kritik und dem Wandel des Zeiturteils. Sein Leben ist paradigmatisch und weist als ein Vorbild in die Zukunft. In diesem Augenblick der Wende und Umwälzung haben wir so viele Götter begraben müssen, die nun als arme Phrasen in ihren Särgen liegen. Nie noch schmolz in grellerem Tageslicht die Schminke schneller von der erschreckten Wange der Komödianten, die Helden mimten. Mit furchtbarer Lächerlichkeit wird offenbar der Schwindel großer Gesten, der Zwiespalt zwischen Wort und Leben, zwischen Tun und Bekennen. Die Wahrheitsempfindlichkeit ist unerträglich gestiegen und mit ihr der Konsum an Enttäuschungen. Als eine Mitschuldige am Chaos der Werte steht die romantisch-moderne Kunst am Pranger mit all ihren Emblemen, guten und bösen: Empfindungstiefe und Gefühlsschwindel, Idealismus und überhebliche Lebensfremdheit, Verfeinerung und Nervenkoketterie, Schönheitsglaube und Ästhetentum, soziale Schwärmerei und soziale Verlogenheit. Der Fanatismus hat ihre Erbschaft angetreten. Aber die Ideale, die er schnell erzeugt, verschlingt er, noch ehe sie herangewachsen sind. […] In einem solchen Augenblick wirkt ein wahrheitserfülltes Leben, wie das des Dichters und Landwirts Giuseppe Verdi, als Stern im Nebel. Gerade dieses wortferne und absichtslose Leben kann heute mehr erfreuen als die pathetische Biografie so manches Heiligen und Überwinders. Denn die selbstbewussten und unbescheidenen Sterne haben uns in hellerer Nacht irregeführt.«

Nach dem Erfolg des *Nabucco* war Verdi berühmt. Und machte ihn das glücklich? An einen Freund schrieb er 1845:

> *»Wie es mir geht, körperlich und seelisch? Körperlich gut, aber die Seele sieht schwarz aus, immer noch schwarz, und so wird es bleiben, bis ich diese Karriere hinter mich gebracht habe, die ich verabscheue. Und später?*
> *Unnütz, sich etwas vorzumachen, es wird immer so schwarz bleiben. Glück gibt es für mich nicht. […] Ach, wenn ich nur Kopf und Schultern eines Möbelpackers hätte!«*

Glück – ein auf Erden unerreichbarer Ort, Verdi hat es früh gespürt.

Wie viele äußerst kreative Menschen brauchte er Einsamkeit und litt doch auch darunter. Er arbeitete wie ein Berserker und war doch nie zufrieden. Er wurde gefeiert und blieb seinem Ruhm gegenüber misstrauisch. Immer wieder, sein ganzes Leben hindurch, spiegeln die vielen Briefe, die er schrieb, diesen zerrissenen Zustand seines Inneren:

> *»Was soll ich von mir erzählen? Dass ich immer derselbe bin, immer unzufrieden mit allem. Wenn das Geschick mir zulächelt, wünsche ich, es sollte streng blicken; blickt es streng, wünsche ich, es sollte lächeln. Bin ich in Mailand, wäre ich lieber in Paris; Jetzt, da ich in Paris bin, wäre ich lieber – wo?, ich weiß es nicht … auf dem Mond. […] Ich erfreue mich guter Gesundheit, schreibe viel, die Geschäfte blühen – nur der Kopf, von dem ich immer hoffe, er ändert sich, der will sich absolut nicht ändern.«* (1848 an den Schriftsteller Luigi Toccagni)

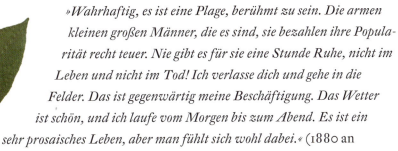

»Wahrhaftig, es ist eine Plage, berühmt zu sein. Die armen kleinen großen Männer, die es sind, sie bezahlen ihre Popularität recht teuer. Nie gibt es für sie eine Stunde Ruhe, nicht im Leben und nicht im Tod! Ich verlasse dich und gehe in die Felder. Das ist gegenwärtig meine Beschäftigung. Das Wetter ist schön, und ich laufe vom Morgen bis zum Abend. Es ist ein sehr prosaisches Leben, aber man fühlt sich wohl dabei.« (1880 an Opprandino Arrivabene)

»Das Leben ist Schmerz. Wenn man jung ist, wiegt einen die Lebensunerfahrenheit, das Bewegte, mancherlei Zerstreuung, Ausschweifung in Schlummer, der Zauber wirkt, man erträgt das bisschen Gute, bisschen Böse und merkt nichts vom Leben. Jetzt kennen wir es, spüren es und der Schmerz bedrückt und zermartert uns. Was tun? Nichts, nichts. Wir müssen weiterleben, krank, müde, enttäuscht, bis dass ...« (1898 an die Gräfin Negroni-Prati)

Linke Seite:
Weg zu einer Gutsanlage im flachen Land der Lombardei südlich von Mailand.

Folgende Doppelseite:
Italienische Weinstöcke im Herbst.

Michele Lessona hat geahnt, was in einem umjubelten Künstler vorgeht, wenn er denn ein wirklicher Künstler und kein eitler Geck ist:

»Mehr als je wäre in diesen Tagen Verdi gern mit sich allein geblieben. Unaussprechliches Glück für einen Künstler ist die Süße des ersten Triumphs. Später, mit wachsender Gewöhnung an das Publikum und wenn er das Ungenügen menschlicher Kraft vor dem unendlich hohen Anspruch der Kunst erkannt hat, bringt das und bringen andere derartige Gründe ihn so weit, manchmal den Beifall mit einem traurigen Lächeln zu quittieren, auch mit einem leise verächtlichen und ironischen. Der erste Beifall aber ist es, der ihn beklemmenden Zweifeln entreißt, der ihn seiner selbst sich bewusst werden lässt und ihm Gewissheit gibt, sich im Urteil über den eigenen Wert nicht getäuscht, den rechten Weg nicht verfehlt und gut daran getan zu haben, als er ihn so beharrlich verfolgte. Dieser Beifall hebt mit einem Schlag den Jüngling aus dem Dunkel, stellt ihn der Welt gegenüber, öffnet ihm ein unbegrenztes Tätigkeitsfeld.«

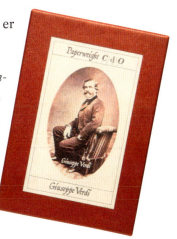

Die junge Sängerin Giuseppina Strepponi sollte in der Uraufführung des *Nabucco* die Rolle der Abigail singen, aber es kam nicht dazu, sie war indisponiert. Sie war früher eine große, gefeierte Sängerin, hatte aber zu früh zu viel gesungen und ihre Stimme ruiniert; jetzt, mit Ende zwanzig, war sie nicht mehr in bester Verfassung. Ihre Todesszene wurde gestrichen und durch einen Chor ersetzt. Der Liebe scheint es keinen Abbruch getan zu haben, und es kam zur ersten intensiveren Begegnung zwischen ihr und Verdi. Sie war tief beeindruckt von dem ernsten, jungen Komponisten. Wer hätte damals gedacht, dass diese beiden später jahrzehntelang auf Sant'Agata zusammenleben würden ...

Die Strepponi war Tochter eines Komponisten und Mutter zweier unehelicher Kinder, die sie weggegeben hatte, um weiter an ihrer Karriere zu arbeiten, ein

Wandmalerei in der Dorfanlage Grazzano Visconti.

drittes war früh gestorben. Eine unkonventionelle, für damalige Verhältnisse emanzipierte Frau. Mit einunddreißig Jahren zog sie als Lehrerin nach Paris. Und da kam nun 1841 Verdi, schwermütig, einsam, ein Mann, der Frau und Kinder verloren hatte.

Sie leben, arbeiten und reisen mehr als ein Jahrzehnt zusammen, ehe sie am 29. August 1859 in der Nähe von Genf in aller Stille heiraten, er sechsundvierzig, sie vierundvierzig Jahre alt. Fast vierzig Jahre sollte diese Ehe dauern, bis zu Giuseppinas Tod 1897. Giuseppina, selbst Künstlerin und sehr gebildet, verstand die Qualen und das Leben eines Künstlers. Sie wäre im Grunde lieber in der Stadt geblieben, begriff aber, wie sehr Verdi den Rückzug auf sein Land brauchte. Gemeinsame Kinder hatten sie nicht, aber sie adoptierten 1867 die siebenjährige Maria Filomena, Tochter eines Vetters von Verdis Vater. Giuseppina galt vielen als der gute Engel, der den Zugang zum schwierigen Menschen Verdi erleichterte.

»*Nur Mut, der Löwe ist so furchtbar nicht, wie es aussieht*«, soll sie denen gesagt haben, die sich nur zaghaft näherten. Sie hat viele sehr schöne und oft äußerst witzige Briefe an Freunde geschrieben, aus denen wir eine Menge über Verdi und ihr Leben mit ihm erfahren. In ihrem Tagebuch können wir lesen, dass auch der berühmteste lebende Komponist im Italien des 19. Jahrhunderts oft ruppig, launisch und sogar cholerisch sein konnte.

»*1. Juli (1867). Notiz.* Er kommt oft zu mir ins Zimmer, ohne zehn Minuten Ruhe zu halten. Gestern kam er wieder, und, wie besonders in diesen Tagen üblich, kaum hatte er sich gesetzt, sprang er auf. Ich sagte: ›Wo willst du hin?‹ ›Nach oben.‹ Und weil ungewöhnlich ist, dass er dort hingeht, fragte ich: ›Wozu?‹ ›Den Plato holen.‹ ›Oh, weißt du nicht mehr, der steht doch in dem Schrank im Esszimmer?‹ Mir scheint, Fragen und Antworten ergaben sich ganz natürlich, und ich meinesteils dachte nur besorgt daran, dass er nicht die Ruhe hatte, die er braucht, und wollte ihm unnötige Schritte ersparen. Hätte ich's bloß nie gesagt! Es war eine Riesenaffäre, vorsätzlich von mir herbeigeführt, eine Art Amtsanmaßung.«

»*2. Juli.* Auch heute abend Barometer wieder auf Sturm wegen eines offenstehenden Fensters und weil ich versucht habe, beruhigend auf ihn einzuwirken. Er wurde wütend und sagte, er will das ganze Personal hinausschmeißen, ich hielte denen die Stange, wenn sie nicht ihre Pflicht tun, statt seine Partei zu nehmen, wo seine Beanstandungen doch völlig berechtigt seien.«

Usw., Szenen einer ganz normalen Ehe, die dennoch als glücklich gelten kann. Am 14. November 1897, vier Jahre vor Verdi, starb Giuseppina in Sant'Agata und schrieb als letzten Absatz in ihrem Testament, in dem sie »*meinen geliebten Mann Giuseppe Verdi*« zum Alleinerben einsetzte, ihn aber bat, einige Schmuckstücke an die Sängerin Teresa Stolz zu geben, mit der Verdi übrigens über viele Jahre wahrscheinlich eine Affäre hatte:

»*Ein einziges Stück bitte ich ihn, unter Tränen, bei sich zu behalten bis zu seinem Tod und es, wenn sie dann noch lebt, meiner Schwester Barberina oder der Maria Verdi Carrara zu vermachen, die es als heilige Erinnerung bewahren werden. Es ist das mir in Neapel von ihm geschenkte goldene Armband, das die Inschrift trägt: ›Meiner lieben Peppina, 1872‹, nebst dem Trauring …*
Und nun leb wohl, mein Verdi. Wie wir im Leben eins gewesen sind, möge Gott unsere Seelen im Himmel wieder zusammenführen.«

In den letzten Jahren kümmerte sich Teresa Stolz, die neunzehn Jahre jüngere ehemalige Sängerin – seine erste Aida! –, um den Witwer, sie soll auch bei ihm gewesen sein, als er im Mailänder Hotel die Augen für immer schloss.

In seinem Testament las man den Wunsch, mit Giuseppina zusammen im Oratorium des Mailänder Musikerheims beigesetzt zu werden.

»*Ich bestimme, dass meine Bestattung von allereinfachster Art sein und zu Tagesanfang oder beim abendlichen Ave-Läuten geschehen soll, ohne Gesang und Musik. [Zusatz in einem Brief an seine Adoptivtochter Maria: Genügen mögen zwei Priester, zwei Kerzen und ein Kreuz.] Ich wünsche keine Bekanntgabe meines Todes mit den üblichen Formeln.*«

Folgende Doppelseite:
Die wunderbare hügelige Landschaft der nördlichen Toskana – hier ein schönes Tal auf dem Weg von Parma nach Florenz.

La Domenica del Corriere

SI PUBBLICA A MILANO OGNI DOMENICA
Dono agli Abbonati del "Corriere della Sera"

Uffici del giornale: Via Pietro Verri, 14 — MILANO

Anno III. — N. 9. — 3 Marzo 1901 — Centesimi 10 il Numero

Verdi wurde auch wirklich, wie er es wollte, ohne große Zeremonie und ohne Musik auf dem Mailänder Friedhof, dem *Cimitero Monumentale*, neben Giuseppina beigesetzt. Aber einen Monat später wurden beide in die dann fertiggestellte Gruft der *Casa di Riposa*, des von ihm gestifteten Künstlerheims, beigesetzt, und das war ein Begräbnis wie für einen Nationalhelden: Hunderttausende säumten die Straßen, und Toscanini dirigierte den riesigen Chor, der »*Va, pensiero*« sang.

Carlo Gatti war beide Male dabei und erzählte Joseph Wechsberg, einem der vielen Verdi-Biografen:

»Es war auf dem städtischen Friedhof von Mailand. Verdi hatte die Anweisung hinterlassen, dass es weder Musik noch Gesang geben dürfe. Er wollte alles sehr einfach haben … Der Tag war trüb und feucht und neblig. Die halbe Bevölkerung Mailands war gekommen. Niemand durfte sich dem Grab nähern, und wir standen stumm weinend ein Stück davon entfernt. Verdi hatte zwar angeordnet, dass es keine Musik geben dürfe, doch konnte er nicht bestimmen, dass nicht geweint werden solle. Dann erklang plötzlich aus der Menge ein Choral – erst leise, dann lauter und lauter, als er sich über die Menschenmenge ausbreitete. Es war das ›Va, pensiero‹ aus Nabucco, das vor fast sechzig Jahren Verdi zu einem nationalen Symbol gemacht hatte. Ja, wir hatten seinen letzten Willen zu befolgen. Doch einen Monat später, am 28. Februar 1901, wurde der Sarg aus seinem bescheidenen Grab geholt und in der Gruft der ›Casa Verdi‹ beigesetzt, und das zweite Begräbnis demonstrierte eindrucksvoll, wie ergeben Italien seinem toten Meister war. Toscanini dirigierte 900 Sänger beim ›Va, pensiero‹, während die Leichname vom Friedhof in die Casa überführt wurden. Das italienische Volk hatte getan, was Verdi wünschte, doch nun tat es, was es empfand, tun zu müssen.«

Es gibt eine Anekdote, aufgezeichnet von Ugo Ojetti:

*»›Du‹, frage ich Pascarella, ›wo du Carducci doch so gut kanntest [den geistigen Führer Italiens seit dem Risorgimento und späteren Nobelpreisträger] – wen stellst du eigentlich höher, Verdi oder ihn?‹
Er wiegt den Kopf, von rechts nach links, von links nach rechts. ›Der … der …? Verdi war – wie soll ich sagen? – aus einem andern Stoff gemacht, kein Mensch wie die andern. Carducci – Gott weiß, wie ich ihn verehre und was ich ihm alles schuldig bin –, bei Carducci ist es mir zwei- oder dreimal passiert, im Eifer des Gesprächs, dass ich ihm eine Hand auf die Schulter legte. Aber Verdi – dem hat noch nie jemand die Hand auf die Schulter gelegt. Der …‹
Pascarella beschreibt mit ausgestrecktem Arm eine Geste nach oben und späht hinauf ins Weite, um auszumachen, ob da irgendwo zwischen Himmel und Erde vielleicht mehr Platz ist für eine Erscheinung wie diese.«*

Linke Seite:
In den damaligen Zeitungen wurde natürlich über Verdis Tod und die Beisetzungszeremonie berichtet.

Oben:
Am Totenbett von Verdi.

*A*uf einer unserer Reisen, dem Rückweg aus der Toskana, machen wir noch einmal halt in Busseto.

Und dann passiert mir das, was ich den *perfekten Augenblick* nenne und was mir immer wieder im Leben begegnet – Momente wunderbaren Glücks, in denen alles stimmt, die Luft, das Licht, die Umgebung, das Herz kommt zur Ruhe und die Seele fliegt und die Zeit könnte stillstehen. Weil es aber bleibendes Glück nicht gibt, steht sie nicht still, doch das nimmt dem Augenblick nichts von seiner Kostbarkeit.

Vor einem alten, eher düster aussehenden Gewölbe schräg gegenüber von Antonio Barezzis ehemaligem Wohnhaus lockt eine Tafel, der Verdi-Pilger, der *pellegrino Verdiano*, möge bitte eintreten, auch Verdi selbst sei hier oft und gern eingetreten. Leise Verdi-Musik lockt zusätzlich, und so trete ich denn ein und setze mich an einen alten Holztisch. Meine Augen gewöhnen sich an das Dunkel. Ich sehe große Schinken von der Decke hängen, an den Wänden aber: Porträts von Giuseppe Verdi, gerahmte Plakate, Programmhefte, Noten. Der Wirt serviert mir Oliven, Parmesan, Schinken auf einem Brett und kalten, leicht moussierenden Wein der Gegend in einer weißen Porzellanschale, ähnlich denen, aus denen die Franzosen ihren *Café au lait* trinken. Außer mir sind kaum Gäste da, bis auf die leise Musik ist es still, und durch die Tür fällt mildes Licht. Franz Werfel nennt so eine Stimmung in einem Aufsatz über Verdi »sonniges Dunkel«, und plötzlich habe ich das Gefühl vollkommenen Glücks. Gilda, die schöne Unglückliche aus *Rigoletto*, singt ihre ergreifende Arie »Caro nome che il mio cor festi primo palpitar«, »*teurer Name, dessen Klang tief mir in die Seele drang*«.

Wie viel haben wir den Künstlern, wie viel haben wir der Musik, haben wir Verdi zu verdanken – zum Beispiel solche Augenblicke, die unser Leben, aneinandergereiht, am Ende zu einem glücklichen machen.

Rechte Seite:
Neuzeitliche Fassung des Testaments von Verdi.

Folgende Doppelseite:
Der Po bei Sonnenuntergang.

Literatur

Adorno, Theodor W.: *Musikalische Schriften I–III.* Frankfurt a. M.: Suhrkamp, 1978.

Baur, Eva Gesine & Ohlbaum, Isolde: *Zu Gast bei Verdi.* München: Collection Rolf Heyne, 2000.

Beci, Veronika: *Verdi. Ein Komponistenleben.* Düsseldorf/Zürich: Artemis & Winkler, 2000.

Busch, Hans (Hrsg.): *Verdi – Boito. Briefwechsel.* Berlin: Henschel, 1986.

Büthe, Otfried & Lück-Bochat, Almut (Hrsg.): *Giuseppe Verdi. Briefe zu seinem Schaffen.* Frankfurt a. M.: Ricordi, 1963.

de Palézieux, Nikolaus: *Sternstunden der Musik.* München: C. H. Beck, 2007.

Engelhardt, Markus (Hrsg.): *Giuseppe Verdi und seine Zeit.* Laaber Verlag, 2001.

Gál, Hans: *Brahms, Wagner, Verdi. Drei Meister, drei Welten.* Frankfurt a. M.: Fischer, 1975.

Gerhard, Anselm & Schweikert, Uwe (Hrsg.): *Verdi-Handbuch.* Kassel: Bärenreiter; Stuttgart/Weimar: Metzler, 2001.

Hanslick, Eduard: *Die moderne Oper.* Berlin: Hofmann, 1875.

Kühner, Hans (Hrsg.): *Giuseppe Verdi in Selbstzeugnissen und Bilddokumenten.* Reinbek b. Hamburg: Rowohlt, 1961.

Nicolai, Otto: *Musikalische Aufsätze*, hrsg. von Georg Richard Kruse. Regensburg: Gustav Bosse, 1913.

Pahlen, Kurt (Hrsg.): *Textbücher aus der Reihe ›Opern der Welt‹.* Mainz: Schott; München: Piper.

Salvetti, Guido: *Milano e il suo Conservatorio 1808–2002.* Mailand: Conservatorio ›Giuseppe Verdi‹ di Milano, 2003.

Schwandt, Christoph: *Verdi. Eine Biographie.* Frankfurt a. M.: Insel, 2000.

Shaw, George Bernard: *Music in London.* London: Constable, 1949.

Strauss, Richard: *Briefe an die Eltern, 1882–1906.* Hrsg. von Willi Schuh, Zürich/Freiburg: Atlantis, 1954.

Wallner-Basté, Franz (Hrsg.): *Verdi, aus der Nähe. Ein Lebensbild in Dokumenten.* Zürich: Manesse, 1979.

Walter, Michael: *Die Oper ist ein Irrenhaus. Sozialgeschichte der Oper im 19. Jahrhundert.* Stuttgart/Weimar: Metzler, 1997.

Wechsberg, Joseph: *Giuseppe Verdi. Ein musikalischer Triumph.* München: Heyne, 1981.

Werfel, Franz (Hrsg.): *Giuseppe Verdi. Briefe.* Wien: Paul Zsolnay, 1926.

Werfel, Franz: *Verdi. Roman der Oper.* Frankfurt a. M.: Fischer, 1979.

Die Deutsche Nationalbibliothek verzeichnet diese Publikation in der Deutschen Nationalbibliografie; detaillierte bibliografische Daten sind im Internet über http://dnb.d-nb.de abrufbar.

Copyright © 2008 Frederking & Thaler Verlag GmbH, München
www.frederking-thaler.de

Text: © Elke Heidenreich

Fotos: © Tom Krausz

mit Ausnahme der Abbildungen auf den Seiten 86, 116/117, 121, 195: © akg-images

Alle Rechte vorbehalten

Lektorat: Christina Kotte, Freiburg
Layout und Satz: Büro Sieveking, München
Reproduktion: Repro Ludwig, Zell am See
Druck und Bindung: Printer Trento

Printed in Italy

ISBN 978-3-89405-683-4

Der ganze oder teilweise Abdruck und die elektronische oder mechanische Vervielfältigung gleich welcher Art sind nicht erlaubt. Alle Rechte für die Fotos liegen bei Tom Krausz und müssen dort eingeholt werden. Abdruckgenehmigungen in Verbindung mit der Buchausgabe erteilt der Frederking & Thaler Verlag.